Martina Kumlehn
Krisen deuten

Martina Kumlehn

Krisen deuten

Schleiermacher im Spiegel des modernen
Krisenbewusstseins
(Schleiermacher-Lecture, Berlin 2022)

DE GRUYTER

ISBN 978-3-11-140344-1
e-ISBN (PDF) 978-3-11-140366-3
e-ISBN (EPUB) 978-3-11-140408-0

Library of Congress Control Number: 2023951313

Bibliografische Information der Deutschen Nationalbibliothek
Die Deutsche Nationalbibliothek verzeichnet diese Publikation in der Deutschen Nationalbibliografie;
detaillierte bibliografische Daten sind im Internet über http://dnb.dnb.de abrufbar.

© 2024 Walter de Gruyter GmbH, Berlin/Boston
Einbandabbildung: © Albrecht Döhnert
Druck und Bindung: CPI books GmbH, Leck

www.degruyter.com

Vorwort

Jetzt ja ist das Geschlecht ein eisernes; niemals am Tage
Ruhn sie von quälender Mühe und Jammer, und immer die Nächte
Reiben sie auf mit drückenden Sorgen, Geschenken der Götter.
Dennoch wird auch ihnen zum Unheil Freude gemischt sein.
...
nur trauriges Elend
Bleibt den sterblichen Menschen, und nirgends ist Abwehr des Unheils
Hesiod, Werke und Tage, 700 v. Chr.[1]

Doch was ist nicht zu erwarten von einer Zeit, welche so offenbar die Grenze ist zwischen zwei verschiedenen Ordnungen der Dinge! Wenn mir erst die gewaltige Krisis vorüber ist kann sie auch einen solchen Moment herbeibringen, [...] der künftigen Geschlechtern der Mittelpunkt werden muß für die Anschauung des Universums.
Friedrich D. E. Schleiermacher, Über die Religion, 1799[2]

Pünktlich die Bewölkung
der Dreh ins Dunkle
Anthrazit
und wie der Frage:
wie umgehen mit dem Defizit
der Tode?
jedes Opfer zu viel
jede Verlassenheit ein Keil ins Leben
um drei oder jederzeit
Ende der Wärme
fünf Prozent Licht
wenig Zuversicht
aber drüben grünen die Bäume
die Sträucher
das ist keine Betriebsabrechnung
ich berichte von der Gnade des Gartens
Ilma Rakusa, 2. April 2021, Karfreitag[3]

Krisenzeiten sind mindestens doppelt codiert. Mit dieser Pointe startet Martina Kumlehn ihre Lektüre Schleiermachers „im Spiegel modernen Krisenbewusst-

---

1 Hesiod, *Werke und Tage*. Aus dem Griechischen übertragen von Albert von Schirnding (München: Carl Hanser Verlag, 1966), 19f.
2 Friedrich Schleiermacher, „Über die Religion. Reden an die Gebildeten unter ihren Verächtern (1799)", in *Kritische Gesamtausgabe I/2: Schriften aus der Berliner Zeit 1796-1799*, hg. v. Günter Meckenstock (Berlin/New York: Walter de Gruyter, 1984), 325.
3 Ilma Rakusa, *Kein Tag ohne. Gedichte* (Graz/Wien: Literaturverlag Droschl, 2022), 104.

seins" und greift damit eine uralte Erfahrung der Menschen und ihrer Selbst- und Weltdeutung auf. Diese uralte Erfahrung bildet sich in den hier vorangestellten Textstücken ab – von Herodot, um 700 v. Chr., über Schleiermacher am Übergang ins 19. Jahrhundert bis in die unmittelbare Gegenwart, ein Karfreitag in Pandemiezeiten, beobachtet von der slowakischen Lyrikerin Ilma Rakusa. Die Erfahrung, dass Krisenzeiten mindestens doppelt codiert sind, verbindet Menschen über Zeiten und Orte hinweg.

Einerseits erfahren sich Menschen in Zeiten gewaltiger Umbrüche als voller „quälender Mühe und Jammer", Nächte voller „drückende[r] Sorgen", „nur trauriges Elend", keine „Abwehr des Unheils", „Verlassenheit", „Dreh ins Dunkle", „Ende der Wärme", „fünf Prozent Licht", „wenig Zuversicht". Die Erfahrung einer „gewaltige[n] Krisis" – an diese Formulierung Schleiermachers schließt die Lecture an – als einer Entsicherung der Lebensverhältnisse und einer Umwälzung des bisher als verlässlich Geltenden kann als lähmend, erschütternd, bedrohlich, ja gar als vernichtend wahrgenommen werden. Und zwar zunächst einmal unabhängig davon, ob diese Krise die eigene Existenz anficht, ob es sich um eine Glaubenskrise oder eine intellektuelle Krise handelt oder ob die Krise politischer und gesellschaftlicher Natur ist. Die „Wehe"-Rufe überwiegen. Sorgen und Ängste dominieren. Perspektiven verengen sich. Horizonte verdunkeln, Zuversicht wird ein rares Gut. Die eigenen Handlungs- und Gestaltungsmöglichkeiten erscheinen als zu begrenzt. Die Zukunft gilt als völlig ungewiss und unsicher, das eigene Leben als verletzbar und fragil.

Andererseits aber halten solche Zeiten oft auch andere Deutungen und Erfahrungen vorrätig, dass nämlich, wie Hesiod formuliert, „zum Unheil Freude gemischt" sei – das Potential neuer Perspektiven, kreativer Veränderungen, Erschließung neuer Möglichkeitsräume. Ein Moment kann heraufziehen, „der künftigen Geschlechtern der Mittelpunkt werden muß für die Anschauung des Universums". Die „Gnade des Gartens" und die Einsicht, dass das Leben keine „Betriebsabrechnung" ist, stehen für die Einsicht, dass Umwälzungen zu Aufbrüchen einladen. Transformationen können Kreativität befördern. Neues wird denkbar. Abschiede bergen nicht nur Verluste, sondern auch Freiheitsgewinne.

Krisenzeiten sind also immer schon mindestens doppelt codiert. Und zwischen diesen beiden Deutungsvarianten gibt es Übergänge, Mischungen, Verschiebungen. Krisenzeiten sind deshalb immer deutungsoffen. Welche Deutungen Menschen den Umbrüchen und Krisen zuschreiben, welche Konsequenzen sie aus diesen Deutungen ziehen, welche Selbst- und Weltverhältnisse und Handlungsideen diesen Deutungen korrelieren und ob sich diese Deutungen nur in strikt getrennten Alternativen eines Entweder-Oder bewegen oder auch Übergänge kennen – all dies ist prinzipiell offen und kann deshalb widerstreitend sein. Um Deutungen muss in Umbruchszeiten gerungen und gestritten werden. Vorschnelle Festlegungen können sich als schwierig erweisen. Daher sind unterschiedliche Möglichkeiten miteinander ins Gespräch zu bringen und miteinander abzuwägen. Wer vor sich nur Schwieriges sieht, droht im Rückblick zu erstarren und zu verzagen. Wer nur offene Räume sieht, kann sich verlaufen. Wo immer nur abgewogen wird, droht Stillstand. Weil um Deutung gestritten werden muss, verstärken sich in Krisenzeiten Deutungskonflikte. Manchmal werden sie gar zu Deutungsmachtkonflikten, werden kontroverser, lauter, manchmal auch aggressiver, schriller und anfällig für extreme Positionen.

Die Theologie hat sich – gemeinsam mit den Kirchen – in Zeiten konfligierender Deutungen immer schon engagiert und unterschiedliche Modelle der Deutung und lebenspraktischer Bewältigungsstrategien entwickelt. Sie hält eine reiche und vielfältige Tradition an Deutungsmustern vor: in den biblischen Erzählungen und Bildwelten wie die metaphorische Verbindung vom Karfreitag und Ostergarten – aufgegriffen bei Ilma Rakusa – und auch in den theologischen Denkfiguren, also bspw. der Rede von der Theodizee oder dem Gedanken der Unverfügbarkeit und Angewiesenheit allen menschlichen Lebens, und zwar in Glück wie Unglück – aufgegriffen bei Schleiermacher. Dazu kommen Praktiken wie das Gebet und kulturell-religiöse Formen der Krisendeutung in Kunst, Musik und Literatur. Diese Modelle und Strategien sind innerhalb der Theologie wie der kirchlich-religiösen Praxis weder einstimmig noch weisen sie immer in die gleiche Richtung. Vielmehr bildet sich in der Vielfalt der theologisch-religiösen Deutungsformen die Heterogenität menschlichen Umgangs mit Krisenerfahrungen ab. In die Vielfalt der theologischen Denkmodelle und kirchlich-religiösen Praktiken hat sich das Ringen um Deutung und Umgang mit Krisen eingeschrieben. Zugleich signalisiert diese Pluralität eine Absage an Vereindeutigungen und Vereinfachungen – weil dies der prinzipiellen Deutungsoffenheit von Krisen entgegensteht.

Zu einer zentralen Aufgabe gegenwärtiger Theologie gehört auch, diese reichen und vielfältigen Deutungstraditionen zu pflegen, den dort eingeschlagenen Denkbewegungen nach-zu-gehen und die Tradition so für die Gegenwart auskunftsfähig zu halten. Gerade, wenn die eigene Gegenwart als signifikant krisenhaft wahrgenommen wird, kann der Rückgriff auf die Tradition kein rein wiederholender, normativer oder positivistischer sein. Vielmehr erfolgt er in der Überzeugung, dass in Zeiten erhöhter Deutungs(macht)konflikte Argumente und denkerische Angebote notwendig sind, die das Gespräch über die angemessene Deutung vor Augenblicksimpulsen und Vereindeutigungsgesten bewahrt und stattdessen Übergänge auslotet.

Dass ein solcher theologischer Umgang mit Krisen ganz im Sinne Schleiermachers ist, arbeitet Martina Kumlehn in ihrer Lecture luzide heraus, stehe doch modernes Krisenbewusstsein im Sinne Schleiermachers eben „für ein Bewusstsein der begrenzten Deutungsmacht aller Deutungsvorgänge" und für die Werbung für „eine kultivierte Form des Streits im unendlichen Gespräch". Die jährlich an der Theologischen Fakultät der Humboldt-Universität zu Berlin stattfindende Schleiermacher-Lecture versteht sich in diesem Sinn als Gesprächsbeitrag, der die Tradition eines liberaltheologischen Deutungsangebotes pflegen und in die Diskussion einbringen möchte.

Zu Krisenzeiten gehört ihre Anfälligkeit für Hektik, Betriebsamkeit und Erhöhung der Lautstärke. Dass es gegenwärtig, in Zeiten überhitzter Krisendiskurse möglich ist, sich in Ruhe und ohne Aktivismusdruck den Denk- und Deutungswegen eines theologischen Klassikers widmen zu können, verdankt sich der großzügigen Förderung durch die Udo Keller Stiftung Forum Humanum. Sie ist dem Projekt sehr zugeneigt, stellt die finanziellen Möglichkeiten zur Verfügung und unterstützt auch die Drucklegung. Mein besonderer Dank gilt hier Dr. Cai Werntgen. Frau Alexandra Fricke danke ich herzlich für die konstruktive Unterstützung in allen organisatorischen Fragen. Dass die Praktische Theologie in Berlin immer schon das Erbe ihres „Gründungsvaters" und auch die Verbindung mit der Schleiermacher-Gesellschaft pflegt, zeigt das Begleitwort von Jörg Dierken (Halle). Für die Verbindung zur Schleiermacher-Forschungsstelle an der Berlin-Brandenburgischen Akademie der Wissenschaften (BBAW) steht der immer freundliche und anregende Kontakt mit Dr. Sarah Schmidt. Beiden danke ich sehr herzlich.

Die Redaktion des Bandes haben Pfarrer i.E. Oliver Wegscheider und Pfarrerin i.E. Dr. Lina Hildebrandt-Wackwitz, beide Berlin, mit großer Sorgfalt und mit Gespür für terminliche Erfordernisse übernommen. Vielen Dank!

Herr Dr. Albrecht Döhnert hat die Veröffentlichung dieser Lecture erneut mit großem persönlichem Engagement unterstützt. Diese wertschätzende Verbindung und Unterstützung eines inhaltlichen Anliegens in Zeiten, in denen das Medium Buch das Image eines Mediums in der Krise hat, ist nicht selbstverständlich und dafür bin ich sehr dankbar.

Die Veröffentlichung der Lecture erfolgt zum 23. Januar 2024 – dem ersten Todestag von Wilhelm Gräb. Durch sein unermüdliches Engagement hat er Generationen von Studierenden für die Theologie Schleiermachers interessiert wie auch zahlreiche Forschungsprojekte an dessen Religionskonzept rückgekoppelt. Die erste Doktorandin von Wilhelm Gräb war seinerzeit Martina Kumlehn mit der Arbeit „Symbolisierendes Handeln: Schleiermachers Theorie religiöser Kommunikation und ihre Bedeutung für die gegenwärtige Religionspädagogik". Mit der Lecture am 30. November 2022, an der Wilhelm Gräb noch persönlich teilnehmen konnte, und mit ihrer Veröffentlichung, schließt sich ein Kreis. Ich danke Martina Kumlehn sehr für ihren instruktiven und ebenso klaren wie sensiblen Vortrag, der neue Perspektiven auf scheinbar bekannte Denkwege einschlägt und so selbst ein Krisendeutungsangebot vorhält.

Ruth Conrad
Berlin, im Oktober 2023

Zum Geleit

Die Berliner Schleiermacher-Lecture bildet mit ihrer dritten Präsentation inzwischen schon eine kleine Tradition. Im Namen der Schleiermacher-Gesellschaft bringe ich darüber unsere Freude zum Ausdruck. Die Gesellschaft beteiligt sich sehr gern als Kooperationspartnerin an dem nun fast zu einer Institution verstetigten Ereignis dieser Lectures. Sie dankt dem Lehrstuhl Praktische Theologie mit Schwerpunkt Homiletik, Liturgik und Kirchentheorie an der Theologischen Fakultät der Humboldt-Universität Berlin und seiner Inhaberin Ruth Conrad für die Initiative dazu. Die Udo Keller Stiftung Forum Humanum sei ebenfalls herzlich bedankt für ihre finanzielle Unterstützung. Es ist schön, dass in der Berliner Theologischen Fakultät, Schleiermachers wichtigster Wirkungsstätte, regelmäßig an ihren Gründungsdekan erinnert wird. Er hat maßgeblich das Ideal der neuen Universitätsgründung, das eine große Strahlkraft gewinnen sollte, mitbestimmt.

Bei den Schleiermacher-Lectures geht es aber nicht nur um Herkunft und Erinnerung. Es gilt vielmehr Schleiermacher im Lichte von Fragen der Gegenwart zu lesen und dabei seine Impulse zum Verständnis und zur Gestaltung des heutigen Lebens in Religion, Kultur und Gesellschaft zu diskutieren. In diesem Sinn greift die Vorlesung von Martina Kumlehn die multiple Krisenlage mit ihrer eher düsteren Stimmung auf. Das schon mit der Heimsuchung durch die Corona-Pandemie mit ihren tief in das individuelle und soziale Leben eingreifenden Folgen aufgekommene Krisenbewusstsein wurde durch den russischen Angriffskrieg gegen die Ukraine verschärft. Dass in Europa wieder Kriegsgräuel zu verzeichnen sind, ist zuvor kaum vorstellbare Realität. Die Auswirkungen des Krieges auf Wirtschaft und Wohlstand sind auch hierzulande spürbar, in deren Gefolge erodiert die politische Stabilität unseres Gemeinwesens. In diesem Kontext, der auch weitere Krisen der jüngeren Vergangenheit und Gegenwart zwischen Finanzkrise, Migrationskrise, Krise der internationalen Macht- und Ordnungsverhältnisse und Klimakrise verstärkt ins Bewusstsein treten lässt, legt sich nahe über das herbe Thema „Schleiermacher und Krisen" nachzudenken. Das ist allerdings ein etwas ungewohnter Zugang zu Schleiermacher, gilt er doch eher als Denker des Ausgleichs von Spannungen und der Balance von Gegensätzen. Mit seinem Namen wurde das tendenziell heitere Stichwort Harmonie verbunden. Die geheimnisvoll-anziehende Düsternis der schwarzen Romantik prägte jedenfalls nicht Schleiermachers Bezüge zum Romantischen.

Dennoch ist, wie Martina Kumlehn herausstellt, das Krisenthema mit Schleiermachers Leben und Denken verbunden gewesen. Sein privates Leben war in jungen Jahren verschattet von sehnsüchtigem Leiden an unerfüllter Liebe, in späteren Jahren gab es aufwühlende Krisen in seiner Ehe, als sich seine Frau zu einem

Anderen hingezogen fühlte. Auch die von ihr betriebene Aufnahme einer vergötterten ‚Hellseherin' in den Hausstand ging mit schweren Irritationen einher. Durch Schleiermachers Ideale von Liebe und Ehe schimmern solche persönlichen Krisen und der Umgang mit ihnen hindurch. Der Tod des neunjährigen Sohnes Nathanael erschütterte Schleiermacher tief, wie seine eindringliche Grabrede zeigt. Sie lässt aber auch erkennen, dass eine solche Krise religiös gedeutet werden kann und sich neben der Artikulation des kaum Erträglichen neue Perspektiven auf das weitere Leben erschließen. Dass Religion mit Krisen zu tun hat und zu ihrer orientierenden Deutung beiträgt, zeigt Schleiermachers Bearbeitung des ganzen religiös-theologischen Komplexes von Sünde und Gnade, von Verfehlung mit innerer Zerrissenheit und erlösender Neuwerdung in seinen unendlichen Facetten. Eine persönliche Frömmigkeitskrise hat bekanntlich den jungen Schleiermacher im brieflichen Ringen mit seinem frommen Vater davon abgebracht, Negatives primär im Zeichen von göttlicher Strafe zu deuten, deren stellvertretend-genugtuende Erduldung durch den Gottmenschen devoten Glauben wider allen Zweifel verlangt. Wie Schleiermacher später explizieren sollte, geht es bei der durch Christus und die Teilhabe an seiner Lebensgemeinschaft vermittelten Erlösung um eine Neuwerdung des inneren Menschen, mit der eine Eröffnung von kommunikativen Sozialbeziehungen in der religiösen Gemeinschaft und darüber hinaus korrespondiert. Religiöse Krisendeutung ist von den Lebensverhältnissen und Lebenserfahrungen herausgefordert, und sie ermöglicht zugleich Neujustierungen im ethischen Selbstverständnis und im damit verbundenen Verhältnis zur ethischen Kultur. Dass dies auch für große kulturelle und religiöse Umbrüche gilt, zeigt Schleiermachers Œuvre mit seinen grundlegenden Beiträgen zur Neuformierung des Religiösen und des Ethischen in der Sattelzeit der Moderne nach der Aufklärung. Sie betreffen auch das Politische, mit dem Schleiermacher in verschiedenen Funktionen ganz praktisch befasst war. Romantik ist bei Schleiermacher keine Abkehr vom Erbe der Aufklärung, sei es in der Verklärung vormoderner Vergangenheit, sei es in heimeligem Ausblenden von Konflikt und Widerspruch. Vielmehr gehört die Kultivierung einer Hermeneutik des Streits zu Schleiermachers Umgang mit Krisen hinzu, wie Martina Kumlehn betont. Darin macht sich über den Dissens etwas Gemeinsames geltend, das Chancen für weitere Anschlüsse bietet – und sei es auch im Widerspruch. Ein solches Verständnis des Streits dürfte auch für unser gegenwärtiges Gemeinwesen wegweisend sein. Nicht eine Kakophonie des Nein von Protest und Gegenprotest im Zeichen moralistischer Exklusion der anderen Seite, sondern kommunikativer Austausch über Dissense erlaubt es, die komplexen Herausforderungen der multiplen Krisen konstruktiv anzunehmen.

Auf den Abend der Schleiermacher Lecture 2022 fiel einer der letzten Besuche von Wilhelm Gräb in der Theologischen Fakultät vor seinem Tod im Januar 2023.

Er war langjähriger Inhaber des Lehrstuhls, deren Inhaberin in seiner Nachfolge nun die Schleiermacher-Lectures initiiert hat. Wilhelm Gräb war maßgeblich an der Schleiermacher-Renaissance im ausgehenden 20. Jahrhundert und darüber hinaus beteiligt. Er wirkte als Gründungsmitglied und Schatzmeister der Schleiermacher-Gesellschaft viele Jahre im Vorstand mit, ebenso gehörte er lange dem Kuratorium der Schleiermacherschen Stiftung an. Seine Tatkraft führte zu vielen internationalen Kongressen, Konferenzen und Symposien, die er durch diskursive Präsenz mitprägte. Wilhelm Gräb hat das Denken Schleiermachers für eine gegenwärtige Praktische Theologie gelebter Religion in der modernen Kultur fruchtbar gemacht und mit Verve vertreten. Dazu gehört auch der ganze Themenkreis von Krisen. Dass eine dogmatisch versteinerte, autoritäre Religion mit amtskirchlicher Institutionalität nicht weiterträgt und zur Krise des Christlichen führt, war seine schriftlich wie mündlich vertretene Überzeugung, die er gern auch mit polemischzuspitzendem Nachdruck zum Ausdruck brachte. Es gilt stattdessen, Religion als Element der Lebensdeutung neu zu entdecken und zu gestalten – vielfach unter Rückgriff auf neue ästhetische Formate in Literatur, bildender Kunst und Musik mit ihren religionsproduktiven Kräften. Dafür warb er und darin lebte er mit ausstrahlender Leidenschaft. Der Krise des Christlichen begegnete er ebenso kritisch wie konstruktiv. Schleiermachers Impulse wurden und werden durch solches Wirken von Wilhelm Gräb in die Gegenwart transformiert. Die Schleiermacher-Gesellschaft gedenkt seiner mit Dankbarkeit. Und sie freut sich über die Anknüpfung an sein Erbe.

Prof. Dr. Jörg Dierken (Halle)
Für die Schleiermacher-Gesellschaft

Inhalt

Vorwort —— V

Zum Geleit —— XI

Krisen deuten. Schleiermacher im Spiegel des modernen Krisenbewusstseins —— 3

1 Krise und Kritik: Modernes Krisenbewusstsein und die Funktion von Krisennarrativen als Deutungshorizont von Schleiermachers Werk und Wirken —— 5
1.1 Der Krisenbegriff und das moderne Krisenbewusstsein —— 5
1.2 Die Funktion von Krisennarrativen —— 9

2 Krisenszenarien und Krisendeutungen in Schleiermachers Leben und Werk —— 12
2.1 Mensch in der Krise: Individuelle Krisenerfahrungen als Impulse für Deutungs- und Bildungsprozesse —— 12
2.2 Religion in der Krise: Emphatische Krisendiagnose und die Implementierung krisensensibler Wissenschaft —— 17
2.3 Gesellschaft in der Krise: Riskante Krisendeutungen in religiöser und politischer Rede —— 21

3 Komplexe Krisenszenarien: Von Schleiermacher zur Krisenkommunikation in der Spätmoderne —— 26

Literaturverzeichnis —— 31

Wilhelm Gräb
dem Lehrer, Freund und Schleiermacherkenner
in dankbarer Erinnerung gewidmet

Krisen deuten. Schleiermacher im Spiegel des modernen Krisenbewusstseins

> Doch was ist nicht zu erwarten von einer Zeit, welche so offenbar die Grenze ist zwischen zwei verschiedenen Ordnungen der Dinge! Wenn mir erst die gewaltige Krisis vorüber ist kann sie auch einen solchen Moment herbeibringen, [...] der künftigen Geschlechtern der Mittelpunkt werden muß für die Anschauung des Universums.[1]

Mit diesen Worten lässt Schleiermacher 1799 seine Schrift „Über die Religion. Reden an die Gebildeten unter ihren Verächtern" enden. Er sieht sich und seine Zeit in gewaltigen Umbrüchen zwischen Aufklärung und Romantik, zwischen Philosophie und Theologie sowie zwischen monarchischer und republikanischer politischer Ordnung in Europa und damit zwischen der Revolution in Frankreich und der Hoffnung auf Reformen in Preußen. Die Zeit der Krise zwischen einer vergehenden und einer kommenden semantischen, kulturellen, politischen und religiösen Ordnung ist eine Zeit der bedrohlichen Entsicherung, zugleich jedoch auch eine solche, die kreative Transformationen des Bestehenden initiieren kann. Denn es entstehen neue Perspektiven auf die Welt, die Möglichkeitsräume der Umdeutung von Selbst, Welt und Gott eröffnen und dadurch auch Potentiale der Umgestaltung des Lebens und seiner gesellschaftlichen und religiösen Verhältnisse freisetzen können.

Interessanterweise hat das Frankfurter Exzellenzcluster der Deutschen Forschungsgemeinschaft „Normative Ordnungen" 2017 mit dem verkürzten Schleiermacherzitat „Die Grenze zwischen den Ordnungen" seine Jahrestagung überschrieben, die interdisziplinär die Wurzeln gegenwärtiger Krisenphänomene diskutiert und dabei vor allem „Rechtfertigungskrisen"[2] in den Blick genommen hat, weil angesichts der komplexen Krisenszenarien die demokratischen und wirtschaftlichen Ordnungsgefüge aus verschiedenen Perspektiven unter Legitimationsdruck geraten. Dass der Bogen so gespannt werden kann, zeigt, dass Schleiermacher einen Kern in der Wahrnehmung und Beschreibung von Krisen freigelegt hat, der bis heute relevant ist. Im Folgenden soll deshalb das moderne Krisenbewusstsein, das Schleiermacher bereits spiegelt und dessen Konsequenzen er reflektiert, zunächst als Deutungshorizont skizziert werden, bevor konkrete Krisenphänomene in

---

[1] Friedrich Schleiermacher, „Über die Religion. Reden an die Gebildeten unter ihren Verächtern (1799)", in *Kritische Gesamtausgabe I/2: Schriften aus der Berliner Zeit 1796-1799*, hg. v. Günter Meckenstock (Berlin/New York: Walter de Gruyter, 1984), 325.
[2] Tagung zur Krise: Die Grenze zwischen den Ordnungen, 2017, https://www.puk.uni-frankfurt.de/75116087/Tagung_zur_Krise__Die_Grenze_zwischen_den_Ordnungen (zuletzt abgerufen am 17. August 2023).

https://doi.org/10.1515/9783111403663-003

Schleiermachers Biographie und Werk exemplarisch vorgestellt werden. Dabei wird ein hermeneutischer Akzent gesetzt, der das Phänomen der Grenzerfahrung zwischen den Ordnungen ins Zentrum stellt, d.h. den Sachverhalt, dass Krisen in die Deutung drängen und Krisennarrative hervorbringen, die an der Transformation grundlegender Deutungs- und Ordnungssysteme arbeiten und im kritischen Wagnis der Rede eine Positionierung im ungesicherten Gelände herausfordern. Mögliche Impulse des Denkens Schleiermachers für den Umgang mit den zugespitzten, hochkomplexen Krisenszenarien der Spätmoderne, die den zeitlichen Abstand grenzbewusst im Blick haben, schließen den Beitrag ab.

1 Krise und Kritik: Modernes Krisenbewusstsein und die Funktion von Krisennarrativen als Deutungshorizont von Schleiermachers Werk und Wirken

Der Krisenbegriff ist omnipräsent und die Wahrnehmung von Krisen bestimmt unsere Gegenwart auf unterschiedlichen Ebenen. Im individuellen und kollektiven Bewusstsein präsent sind dabei insbesondere die Finanzkrise 2008, die Migrationskrise 2015/16, die Corona-Krise ab 2020, der Ukraine-Krieg mit seinen Auswirkungen 2022, die anhaltende Krise der Demokratie angesichts populistischer Bewegungen in Europa und die ökologische Krise bzw. der Klimawandel, der unsere Lebensgrundlagen langfristig in Frage stellt. Diese vielschichtigen Krisen überlagern und verstärken sich wechselseitig. Darüber hinaus ist der Begriff „Krise" auch in der (medialen) Alltagskommunikation ein „Passe-Partout für ökonomische Diagnosen, kulturkritische Verlautbarungen, Optimierungsstrategien und Empfehlungen zum ‚guten' Leben"[6] und bezieht sich dabei gleichermaßen auf persönliche und gesellschaftliche Problemlagen. Schon 1982 hat Reinhart Koselleck über 200 Komposita mit dem Begriff Krise identifiziert.[7] Diese Zahl dürfte seitdem noch einmal gestiegen sein. Um in dieser Fülle von möglichen Bedeutungen und Näherbestimmungen die Erschließungskraft des ursprünglichen Krisenbegriffs zu erhalten, ist es hilfreich, auf seine Ursprünge zu schauen.

1.1 Der Krisenbegriff und das moderne Krisenbewusstsein

Von seiner antiken Herkunft her rekurriert der Krisenbegriff auf verschiedene Bedeutungsdimensionen, die immer noch in unterschiedlicher Weise mitklingen, wenn wir gegenwärtig den gesellschaftlichen Leitbegriff Krise aufrufen.[8] Zunächst meint Krise im Kontext von Rechtsprechung entscheiden, kämpfen und streiten,

---

6 Uta Fenske, Walburga Hülk und Gregor Schuhen, „Vorwort", in *Die Krise als Erzählung. Transdisziplinäre Perspektiven auf ein Narrativ der Moderne*, hg. v. dies. (Bielefeld: transcript, 2013), 7–8, 7.
7 Vgl. Reinhart Koselleck, „Art. Krise", in *Geschichtliche Grundbegriffe. Historisches Lexikon zur politisch-sozialen Sprache in Deutschland*, hg. v. Otto Brunner, Werner Conze und Reinhart Koselleck, Bd. 3, (Stuttgart: Klett Verlag, 1982), 617–650, 649.
8 Vgl. a.a.O., 617–619; Otto Neumeier, „Kritik der Krise", in *Die Krise als Erzählung*, 49–69, hier 56–58.

wobei die Prozesse der Urteilsfindung bzw. der differenzierenden Beurteilung eines Sachverhalts mitgedacht werden, die korrespondierend mit dem Begriff der Kritik verknüpft sind.[9] In diesem Kontext kann sich die Rede von Krise auch mit grundlegenden Facetten der Fragen nach Gerechtigkeit und Herrschaftsordnungen verbinden. Aus dem juristischen Bereich ist der Begriff dann u.a. in die jüdisch-christlichen Kontexte transportiert worden, indem er sowohl im Alten Testament bzw. der griechischen Septuaginta sowie dem Neuen Testament mit apokalyptischen Erwartungen des Jüngsten Gerichtes verbunden wird.

Wirkmächtig ist jedoch vor allem die medizinische Krisenlehre, die der griechisch-römische Arzt Galenos von Pergamon im zweiten Jahrhundert n. Chr. vorgelegt hat. Danach markiert die Krise den Wendepunkt in einem Krankheitsverlauf, d.h. die offene Entscheidungssituation zwischen Leben und Tod. Die Bedeutung der Krise impliziert von daher genau den Zeitraum, in dem in der Reaktion auf ein Ereignis oder eine Störung überhaupt ein Entscheidungsspielraum gegeben ist, der nach Entscheidungsträgern (Ärzten, Therapeuten, Krisenmanagern, Experten, Politikern usw.) und entsprechenden Entscheidungsprozessen verlangt. Auch im übertragenen Sinne gilt: „Die von der kritischen Entwicklung Betroffenen sind nicht in der Lage, die fragliche Situation allein in ihrem Sinne zu entscheiden bzw. zum Guten zu wenden, sondern auf die Hilfe anderer angewiesen bzw. darauf, dass viele für die Lösung zusammenarbeiten oder dass auch das Glück dazu beiträgt."[10]

Während der Krisenbegriff in seinem Gebrauch lange auf diese Ursprungskontexte beschränkt war, tritt er im Gefolge der Aufklärung und ihrer Entsicherungs-, Freisetzungs- und Emanzipationsprozesse in den politisch-gesellschaftlichen Debatten und im Alltagssprachgebrauch verstärkt auf.[11] Als geschichtliche Wendemarke ins kulturelle Gedächtnis eingeschrieben ist die Katastrophe des Erdbebens von Lissabon 1755, weil in der Verarbeitung dieses Ereignisses die Anliegen der Aufklärung forciert zur Darstellung gekommen sind. Es hat nicht nur eine Fülle philosophischer, theologischer und literarischer Deutungsaktivität freigesetzt, sondern auch die aufklärerische Religionskritik im Spannungsfeld von Rousseau und Voltaire (inklusive erheblicher Deutungskonflikte) einerseits und die

---

9 Vgl. Reinhart Koselleck, *Kritik und Krise. Eine Studie zur Pathogenese der bürgerlichen Welt* (Frankfurt a.M.: Suhrkamp, 14. Aufl. 2018). Dazu Gennaro Imbriano, *Der Begriff der Politik. Die Moderne als Krisenzeit im Werk von Reinhart Koselleck* (Frankfurt a.M.: Campus Verlag, 2018).
10 Neumeier, *Kritik der Krise*, 62.
11 Vgl. Koselleck, *Kritik und Krise*, 133f. und 154.

naturwissenschaftlich-pragmatische Bewältigung von Krisenszenarien andererseits nachhaltig befördert.¹²

In diesem Kontext kommt es zur Etablierung der wissenschaftlichen Kritik im reflexiven Umgang mit den Traditionen, die auf ihre Genese und Geltung hin untersucht und damit auch relativiert werden. Wegweisend in erkenntnistheoretischer Perspektive sind diesbezüglich Kants Kritiken der reinen und der praktischen Vernunft, mit denen sich Schleiermacher in transzendentalphilosophischer und bewusstseinstheoretischer Perspektive auseinandergesetzt hat.¹³ Darüber hinaus hat Schleiermacher seiner Hermeneutik auch konkret Abhandlungen zur Methodik der Kritik an die Seite gestellt. Er schließt dabei an den Begriff des „Gerichts" an und verweist zunächst auf eine vergleichende „doktrinale Kritik", die einzelne Werke ins Verhältnis zu einer grundlegenden Idee setzt und von da aus beurteilt bzw. den beurteilenden Vergleich zwischen einzelnen Werken verfolgt.¹⁴ Sodann verweist er auf die Möglichkeiten der historischen Kritik und der philologischen Kritik, die bei Unstimmigkeiten in einem Text „das Richtige auswählen und das Unrichtige ausstoßen und aus den verschiedenen Arten, wie die Schrift erscheint, die ursprüngliche Gestalt möglichst ausmitteln".¹⁵

Die Kritik wird von nun an als Kunst des Unterscheidens, Prüfens, Entgegnens in eigenen Kulturen der Öffentlichkeit gepflegt. Es geht um eine „Dauerrevision"¹⁶ des Gegebenen und die Haltung des kritischen Reflektierens wird damit „Motor und Modus der Moderne"¹⁷. Die Kritik ist der Resonanzraum für die bewusste

---

12 Ulrich Löffler, „,Erbauliche Trümmerstadt'? Das Erdbeben von 1755 und die Horizonte seiner Deutung im Protestantismus des 18. Jahrhunderts", in *Um Himmels Willen. Religion in Katastrophenzeiten*, hg. v. Manfred Jakubowski-Tiessen und Hartmut Lehmann (Göttingen: Vandenhoeck & Ruprecht, 2003), 253–274.
13 Vgl. z.B. Hans-Olof Kvist, „Kants praktische Philosophie in den Jugendmanuskripten Schleiermachers. Einige kritisch-grundsätzliche Gesichtspunkte zur Kantrezeption des jungen Schleiermacher", in *200 Jahre „Reden über die Religion". Akten des 1. Internationalen Kongresses der Schleiermacher-Gesellschaft Halle 14.–17. März 1999*, hg. v. Ulrich Barth und Claus-Dieter Osthövener (Berlin/New York: Walter de Gruyter, 2000), 383–396; Kurt Nowak, *Schleiermacher. Leben, Werk und Wirkung* (Göttingen: Vandenhoeck & Ruprecht, 2001), 37–39.
14 Friedrich Schleiermacher, *Hermeneutik und Kritik*, hg. und eingel. v. Manfred Frank (Frankfurt a.M.: Suhrkamp, 1977), 241. Vgl. Friedrich Schleiermacher, „Manuskripte Schleiermachers zur Kritik (1826)", in *Kritische Gesamtausgabe II/4: Vorlesungen zur Hermeneutik und Kritik*, hg. v. Wolfgang Virmond unter Mitwirkung von Hermann Patsch (Berlin/Boston: Walter de Gruyter, 2012), 176–187.
15 Schleiermacher, *Hermeneutik und Kritik*, 243.
16 Andreas Reckwitz, „Gesellschaftstheorie als Werkzeug", in *Spätmoderne in der Krise. Was leistet die Gesellschaftstheorie?*, hg. v. dems. und Hartmut Rosa (Berlin: Suhrkamp, 2021), 23–150, 119.
17 Sarah Schmidt, „Kritik als Projekt der Moderne? Zur Reichweite und Aktualität der Schleiermacherschen Kritikkonzeption mit einem Blick auf Michel Foucault", in *Reformation und Moderne*.

Wahrnehmung der krisenhaften Infragestellung überkommener Ordnungen: „In diesem Sinne wird die Krise als Nährboden der Aufklärung nicht nur zu einer umfassenden, weite Bereiche des Lebens erfassenden, sondern auch zu einer sich selbst fortpflanzenden Krise."[18] Kurz gesagt, die Moderne wird zu einer „Kultur der Krisen"[19], die den „Normalitätsbruch normalisiert"[20]. Allerdings bleibt die Dynamik des Verlustes von Normalität, d.h. von Denormalisierungserfahrungen, die Handlungsdruck erzeugen und die Sehnsucht nach einer neuen Form von Normalität hervorbringen, für Krisendynamiken relevant, wobei jeweils auszuhandeln ist, was als normal gelten soll.[21]

Das Krisenbewusstsein ist im Verlauf der Moderne demnach im Sinne einer permanent zu gewärtigenden Transformation kultureller Ordnungsmuster als Normalfall etabliert worden und zwar unter Integration der sich damit verbindenden Deutungsmachtkonflikte, die sich im Pluralismus in den gesellschaftlichen Aushandlungsprozessen einstellen, wenn um die Geltung und Anerkennung von neuen Deutungen der Wirklichkeit und deren Folgen für das Handeln gestritten wird: „Das Publikum verfolgt den Schlagabtausch der Argumente auf der Bühne. Was dabei herauskommt, wird oft von Machtkonstellationen bestimmt, von rhetorischem Geschick, Habgier, Narzissmus, der Trägheit der Institutionen, politischem Kalkül, Emotionen und selektiver Aufmerksamkeit."[22]

Von dem grundierenden Krisenbewusstsein mit Blick auf die semantischen Ordnungen und Wissenskulturen sind jedoch weiterhin tiefgreifende Krisen wie Epidemien, Kriege oder der Klimawandel zu unterscheiden, die nicht nur einzelne Traditionen, sondern alle Ebenen unserer Existenz berühren, erhebliche Dauer entfalten und damit unsere Wahrnehmungs- und Deutungsmuster, Raum- und Zeitkonzepte, gesellschaftlichen Strukturen und Institutionen, Machtverhältnisse, Beziehungsstrukturen, Lebensmodelle und -stile gleichermaßen verändern können und als „Tiefenkrisen" zu bezeichnen sind.[23]

Von ihnen aus ist auch die Abgrenzung zur Katastrophe in den Blick zu nehmen, die in der Regel keinen oder nur einen sehr geringen Handlungsspielraum

---

Pluralität – Subjektivität – Kritik. Akten des Internationalen Kongresses der Schleiermacher-Gesellschaft in Halle (Saale) März 2017, hg. v. Jörg Dierken, Arnulf von Scheliha und Sarah Schmidt (Berlin/Boston: Walter de Gruyter, 2018), 551–574, 551.

18 Marie-Luisa Frick, *Mutig denken. Aufklärung als offener Prozess* (Stuttgart: Reclam, 2020), 20.
19 Gerhard Schulze, *Krisen. Das Alarmdilemma* (Frankfurt a.M.: Fischer Verlag, 2011), 14.
20 A.a.O., 51.
21 Jürgen Link, „Zum Anteil apokalyptischer Szenarien an der Normalisierung der Krise" in *Die Krise als Erzählung*, 22–47, 35.
22 Schulze, *Krisen*, 60.
23 Matthias Horx, *Die Zukunft nach Corona* (Berlin: Ullstein, 2020), 15 und 20.

lässt. Die Katastrophe impliziert vielmehr „ein schlimmes oder tragisches Ende menschlicher Aktionen"[24] und gilt im Gegenüber zur Krise als irreversibel.[25] Sie kann durch zerstörerische Naturereignisse oder menschliches Versagen gleichermaßen ausgelöst werden. Dabei können Übergänge auch fließend gedacht werden, denn eine Katastrophe kann am Beginn oder Ende krisenhafter Konflikte oder Konstellationen stehen.[26]

1.2 Die Funktion von Krisennarrativen

Wenn eine Gesellschaft in den Grenzraum zwischen grundlegenden Ordnungen gerät und sich Deutungsmachtkonflikte um das angemessene Verständnis und das adäquate Krisenmanagement ergeben, wird zudem deutlich, dass es Krisen nicht nur einfach als Widerfahrnis gibt, sondern dass sie durch bestimmte Diskursstrategien zugleich konstruiert und öffentlich inszeniert werden.[27] Eine Krise ist demnach immer auch ein „Interpretationskonstrukt".[28] Krisen drängen nicht nur in die Deutung, sondern es werden „Erzählmuster entwickelt, um der subjektiven oder kollektiven Wahrnehmung von Gefährdungen diskursiven Ausdruck zu verleihen und Lösungsmuster zu entwickeln."[29] Die Narrative als individuelle und kollektive Denkmuster überführen „Erlebtes in bekannte Kategorien, stellen vertraute Kontexte her".[30] Dabei greifen Erzählstrategien der Selektion, Perspektivierung und Verknüpfung, die Narrative sowohl verdichten und tradieren als auch situationsadäquate Transformationen zulassen, die konkrete Einzelerzählungen hervorbringen.

Krisen-Plots sind dabei einerseits „Teil der jeweiligen Wirklichkeitsmodelle bzw. Kulturprogramme"[31], andererseits finden sich bei aller Verschiedenheit auch Grundbausteine von Krisennarrativen, die sich wiederholen. Denn Krisenerzählungen, die auf Ereignisse von kollektiver Relevanz und großer Tragweite

---

24 Walburga Hülk, „Narrative der Krise" in *Krise als Erzählung*, 113–131, 116.
25 Vgl. Rolf Parr, „Krisen und/oder Katastrophen erzählen?" in *Krisen erzählen*, hg. v. Iuditha Balint und Thomas Wortmann (Paderborn: Wilhelm Fink Verlag/Brill, 2021), 21–34, 24f.
26 Vgl. a.a.O., 23.
27 Vgl. Ansgar Nünning, „Krise als Erzählung und Metapher: Literaturwissenschaftliche Bausteine für eine Metaphorologie und Narratologie von Krisen", in *Krisengeschichte(n). „Krise" als Leitbegriff und Erzählmuster in kulturwissenschaftlicher Perspektive*, hg. v. Carla Meyer, Katja Patzel-Mattern und Gerrit Jasper Schenk (Stuttgart: Franz Steiner Verlag, 2013), 117–144, 119.
28 Neumeier, *Kritik der Krise*, 62.
29 Fenske, Hülk und Schuhen, „Vorwort", 8.
30 Hülk, „Narrative der Krise", 118.
31 Nünning, „Krise als Erzählung", 126.

reagieren, enthalten in der Regel „diagnostische() und prognostische()"[32] Elemente bzw. „empirische" und „normative" Anteile.[33] Krisengeschichten und Katastrophenerzählungen verfolgen die Grundaufgabe, „ein Geschehen zu deuten und einer Situation einen Sinn zu unterlegen."[34] Denn Krisen zerstören Sinnmuster und sind zugleich auf neue Sinnbildungen angewiesen, und zwar nicht zuletzt auf solche, die die Erfahrungen von Sinnabbruch und Sinnabgrund in sich aufnehmen. Krisenbewältigung im sinnstiftenden Deuten und Erzählen ist von daher sowohl auf individueller als auch auf kollektiver Ebene notwendig. Denn im Erzählen werden Umbrüche, Ohnmachtsgefühle und andere starke Emotionen be- und verarbeitet. Dabei kann die Kulturtechnik des Erzählens auch als Beitrag zum „Lernen aus Krisen als Deutungsmuster" verstanden werden, wobei Situations-, Vergangenheits- und Zukunftsbewältigung gleichermaßen intendiert sein können.[35]

Als Erzählmuster kehren dabei insbesondere die religiös konnotierten apokalyptischen und eschatologischen Narrative, wie sie paradigmatisch sowohl im Alten als auch im Neuen Testament begegnen, wieder.[36] Die apokalyptischen Imaginationen entwerfen drastische Bilder von den Schrecken des Weltuntergangs und operieren mit dem Gestus der Offenbarung im Zeichen der Naherwartung des Endes und des Beginns eines neuen Äons, wobei Dualismen von Gut und Böse, von „Defizienz und Fülle" grundlegend sind.[37] In säkularisierter Form wird diese Erwartung eines neuen Äons bzw. möglichen Heils nach dem Gericht der apokalyptischen Endzeit eliminiert und der Mensch selbst erscheint als Urheber seines eigenen unwiderruflichen Untergangs.[38]

Krisennarrative tragen dazu bei, ein „charakteristisches kulturell prägendes Regime von Krisen" zu entwickeln.[39] Dabei können verschiedene Effekte eintreten: Krisenerfahrungen werden allererst initiiert, verstärkt oder auch beruhigt. So finden sich neben den apokalyptischen Tönen, die alarmieren und warnen bzw. zur Umkehr aufrufen wollen, jedoch auch zu einer Form von „Ahistorisierung" von Krisen beitragen können,[40] Beschwichtigungsnarrative, die als „kollektives

---

32 Koselleck, *Kritik und Krise*, 134.
33 Schulze, *Krisen*, 21.
34 Nünning, „Krise als Erzählung", 128.
35 Iuditha Balint und Thomas Wortmann, „Die Schönheit der Tulpe. Oder: Krisen erzählen", in *Krisen erzählen*, 1–20, 14.
36 Link, „Anteil apokalyptischer Szenarien an der Normalisierung der Krise", 33.
37 Alexander-Kenneth Nagel, *Corona und andere Weltuntergänge. Apokalyptische Krisenhermeneutik in der modernen Gesellschaft* (Bielefeld: transcript, 2021), 8, 14, 36.
38 Vgl. a.a.O., 17.
39 Rainer Leschke, „Medientheorie und Krise", in *Die Krise als Erzählung*, 9–31, 28.
40 Link, „Anteil apokalyptischer Szenarien an der Normalisierung der Krise", 45f.

Antidepressivum wirken: Die Wahrnehmung der Krise wird angepasst und erträglich gemacht, die Krise selbst bleibt jedoch, wie sie ist."[41]

Deshalb ist bei der Analyse von Krisennarrativen immer auch zu fragen, welche Intention sie verfolgen. Das heißt auch, auf Deutungsmachtstrategien zu achten, die eingesetzt werden, um im Streit der Deutungen Geltung zu erlangen.[42] Im Kontext von Krisenkommunikationen ist entsprechend zu fragen: Wer spricht mit welchem Interesse von der Krise? Wer hat eine Stimme in der Krise? Wem wird vertraut? Welche wirkmächtigen Bilder und Mythen werden eingesetzt? Wie lenken die Narrative und Bilder die Aufmerksamkeitsökonomie in der Krise? Welche Prozesse der Stigmatisierung oder auch der Exklusion anderer Erzähl- und Deutungsmuster oder anderer Akteure lassen sich beobachten? Welche Funktionen sollen bestimmte Narrative haben, um z.B. politisches Handeln zu legitimieren?

Vor diesem Horizont der Strukturen des modernen Krisenbewusstseins und der deutenden konfligierenden Krisennarrative soll jetzt nach Spuren der Reflexion und Formen des Umgangs mit Krisen im Leben und Werk Friedrich Schleiermachers gefragt werden, die sich auf der Grenze verschiedener Ordnungen bewegen und Transformationen in der Krise ausloten.

---

41 Leschke, „Medientheorie und Krise", 13.
42 Vgl. Philipp Stoellger, „Deutungsmachtanalyse. Zur Einleitung in ein Konzept zwischen Hermeneutik und Diskursanalyse", in *Deutungsmacht*, hg. v. dems. (Tübingen: Mohr Siebeck, 2014), 1–85; Martina Kumlehn, „Akteure – Bilder – Narrationen. Deutungsmachtsensible Religionspädagogik und die Macht der Erzählungen am Beispiel der Corona-Krise", in *Machtvergessenheit. Deutungsmachtkonflikte in praktisch-theologischer Perspektive*, hg. v. Thomas Klie, Martina Kumlehn, Ralph Kunz und Thomas Schlag (Berlin/Boston: Walter de Gruyter, 2021), 277–306.

2 Krisenszenarien und Krisendeutungen in Schleiermachers Leben und Werk

2.1 Mensch in der Krise: Individuelle Krisenerfahrungen als Impulse für Deutungs- und Bildungsprozesse

2.1.1 Beziehungskrisen

Schleiermacher hat als Mensch zahlreiche existentielle Krisen bewältigen müssen, insbesondere in seinen Liebesbeziehungen. So warb er im Zeitraum von 1798 bis 1805 intensiv und vergeblich um die verheiratete Eleonore Grunow. Die intendierte und in Aussicht gestellte Trennung von ihrem Ehemann kam jedoch trotz bereits schon gemieteter Zimmer und bestellter Kutschen nicht zustande.[43] Schleiermacher befand sich in der Entscheidungssituation dieser Beziehungskrise durchaus auf der Grenze zwischen kulturellen Ordnungen, nämlich den nicht zuletzt christlich grundierten Vorstellungen von der Unauflösbarkeit der Ehe einerseits und Vorstellungen einer romantischen „Liebeslehre"[44] andererseits, wie Schlegel sie in seinem Roman „Lucinde" entworfen und Schleiermacher sie in seiner Verteidigungsschrift „Vertraute Briefe über Friedrich Schlegels ‚Lucinde'" unterstützt hatte. Unmittelbar nach Beendigung des Verhältnisses hält Schleiermacher in seinem Hallenser „Brouillon zur Ethik" 1805/06 trotz der eigenen Erfahrungen und Begehren die Unauflöslichkeit der Ehe fest, allerdings nur im Blick auf eine aus wahrer Liebe rechtmäßig entstandene Verbindung, in der die beiden Partner im romantischen Sinne füreinander ein und alles sind und sich wechselseitig ihre „eigene innere Unendlichkeit"[45] erschließen. In diesem Sinne heißt es im Brouillon:

> Wenn nun schon bei jeder andern Gemeinschaft die Sittlichkeit innere Fortdauer verschafft, wieviel mehr bei dieser, die sich von allen andern dadurch unterscheidet, daß der Eine ganz eigentlich Princip des Andern wird. Und in dieser völligen Autarkie des gegenseitigen Besizes

---

[43] Vgl. Wolfgang Virmond, „Liebe, Freundschaft, Faublastät – der frühe Schleiermacher und die Frauen", in *Wissenschaft und Geselligkeit. Friedrich Schleiermacher in Berlin. 1796–1802*, hg. v. Andreas Arndt (Berlin/New York: Walter de Gruyter, 2009), 43–65, 48.
[44] Bernd Auerochs, „Manuskripte – Athenaeum – Geselliges Betragen – Vertraute Briefe", in *Schleiermacher Handbuch*, hg. v. Martin Ohst (Tübingen: Mohr Siebeck, 2017), 87–101, 97.
[45] Auerochs, „Vertraute Briefe", 97.

kann es nun keinem Sittlichen einfallen wollen, noch einen andern eben so zu besizen. Die Unverletztlichkeit hat ihren Grund darin, daß die Idee in diesem Einen ganz erschöpft ist.[46]

Dieser im Durchgang durch die Krise gewonnenen Deutung im Rahmen seiner ethischen Konzeption von Sittlichkeit und der zunehmenden Durchdringung von Vernunft und Natur hat sich Schleiermacher dann selbst bis an den Rand der Selbstaufgabe verschrieben. Denn als seine spätere Ehefrau Henriette sich in den jungen Edelmann Alexander von Marwitz verliebt, berichtet August Varnhagen darüber Folgendes:

> Schleierm. konnte nichts dazu sagen, er sah d. Sache wie sie war, ihre Fülle, ihre Gewalt, er verkannte weder d. Schöne, noch d. Edle, das sich hier herrschend erwies, aber tief empfand er sein Unglück u. litt unaussprechlich. [...]; Die Leidenschaft stieg über den höchsten Gipfel. Schleierm. in seinem Gram hatte den Entschluß gefaßt, sich sterben zu lassen, um dem eigenen Jammer zu entgehen u. dem Glück d. teuren Frau kein Hindernis zu sein; er verminderte heimlich die Nahrung, die er täglich zu sich nahm, u. hoffte, sich so nach u. nach zu verzehren.[47]

Allerdings dachte von Marwitz nicht ernsthaft an eine Ehe mit Henriette Schleiermacher und fiel schließlich im Freiheitskrieg 1814 bei Montmirail. Die Eheleute näherten sich dann wieder an und Henriette rückte ihren Mann in der Wahrnehmung im Sinne eines beschwichtigenden Krisenbewältigungsnarrativs nun selbst in die Perspektive religiös überhöhter Deutung und schrieb an Rahel Varnhagen: „Von Schl. kann ich Ihnen nur sagen, daß er ganz himmlisch ist, eines Christus Liebe, Engelsgüte ist in ihm, Gott, es ist mir als müsse er auf Engelsarmen in den Himmel getragen werden."[48]

Die Ehe blieb jedoch auch nach dieser Krise auf Leben und Tod nicht ohne weitere erhebliche Deutungskonflikte, weil die Ehefrau dauerhaft eine Freundin ins Haus und die eigene Familie holte, die als Hellseherin esoterische Ansichten im Sinne des animalischen Magnetismus, auch Mesmerismus genannt, vertrat und entsprechende Kuren unter Hypnose verordnete. Henriette Schleiermacher sah sie als eine Offenbarung Gottes, ließ keine Kritik an ihr zu und räumte ihr einen erheblichen Einfluss auf sich und die Kinder ein.[49]

---

46 Friedrich Schleiermacher, „Brouillon zur Ethik 1805/06", in *Schleiermachers Werke. Zweiter Band. Entwürfe zu einem System der Sittenlehre/nach den Handschriften Schleiermachers*, neu hg. u. eingel. v. Otto Braun, Neudruck der 2. Aufl., Leipzig 1927 (Aalen: Scientia Verlag, 1967), [37] 133.
47 *Auf frischen kleinen abstrakten Wegen. Unbekanntes und Unveröffentlichtes aus Rahels Freundeskreis*, Nachrichten aus dem Kösel-Verlag Dezember 1967, hg. v. Heinrich Wild (München: Kösel, 1967), 7.
48 *Auf frischen kleinen abstrakten Wegen*, 8.
49 Vgl. Nowak, *Schleiermacher*, 374f., 401f.

Schleiermacher hat auch das ertragen, aber in seinen Hausstandspredigten von 1818 finden sich im Gegenüber zu den eher idealistischen Deutungen im Brouillon zur Ethik ungeschönte Beschreibungen von Ehekrisen.[50] Um der Hartherzigkeit der Menschen willen räumt Schleiermacher jetzt die Möglichkeit der Ehescheidung als Ausnahmefall christlicher Liebe ein, um Schlimmeres zu verhindern.[51] Der Deutungshorizont hat sich – ganz sicher nicht monokausal, aber eben doch durch das vielfältige Krisenerleben hindurch – im Spannungsfeld von empirischem Realismus und den normativen Ordnungen seines ethischen Reflexionsrahmens ausdifferenziert und transformiert.

Schleiermacher musste dann später noch den Tod seines Sohnes Nathanel bewältigen, der mit neun Jahren 1829 an Scharlach verstarb und den Schleiermacher selbst beerdigte. Dabei hielt er mit Blick auf sein Leben und seine Krisen fest: „[M]anche schwere Wolke ist über das Leben gezogen – aber was von außen kam, hat der Glaube überwunden, was von innen – hat die Liebe gutgemacht: nun hat aber dieser eine Schlag, der erste in seiner Art, das Leben in seinen Wurzeln erschüttert."[52] Von dieser Erschütterung hat sich Schleiermacher trotz der in der Grabrede selbst entwickelten trostreichen Krisenerzählung bis zu seinem Tod 1832 nicht mehr richtig erholen können.

2.1.2 Glaubenskrisen

Neben diesen familiären Krisen war Schleiermacher durchaus auch schon früher, wenn auch in anderer Weise, in seinen Grundfesten erschüttert worden, nämlich durch eine intensive Glaubenskrise, die dann im Folgenden in höchster Weise deutungsproduktiv, bildungsinitiativ und im Sinne eines denkerischen Krisenmanagements für das gesamte Werk strukturgebend geworden ist. Zur Genese dieser Krise gehörte, dass Schleiermachers Vater ein reformierter Feldgeistlicher war, den nach

---

50 Friedrich Schleiermacher, „Predigten über den christlichen Hausstand", in *Kritische Gesamtausgabe III/1: Predigten. Erste bis Vierte Sammlung (1801-1820)*, hg. v. Günter Meckenstock (Berlin/Boston: Walter de Gruyter, 2012), 625–766, 634.
51 Vgl. a.a.O., 657. Dazu Arnulf von Scheliha, „Die christlichen Häuser als ‚Pflanzstätten des künftigen Geschlechts'. Familienethische, religionspädagogische und sozialethische Grundeinsichten in Friedrich Schleiermachers ‚Predigten über den christlichen Hausstand'", in *Friedrich Schleiermacher zwischen Reform und Restauration. Politische Konstellationen, theoretische Zugänge und das Berliner Stadtleben*, hg. v. Elisabeth Blumrich, Simon Gerber und Sarah Schmidt (Berlin/Boston: Walter de Gruyter, 2023), 93–107.
52 Zitiert nach Friedrich Wilhelm Kantzenbach, *Schleiermacher* (Reinbek bei Hamburg: Rowohlt Verlag 1967), 112.

jahrelangen Glaubenszweifeln die pietistische Frömmigkeit Herrnhuter Prägung so beeindruckte, dass er seine Kinder in die Obhut der Brüdergemeine gab.[53] Nachdem Schleiermacher zunächst als Internatsschüler im Pädagogium Niesky die intellektuellen Anregungen aufnahm und sich der Herrnhuter Frömmigkeit mit ihrer mystischen Christusliebe und starken Erlösungssehnsucht überließ, geriet er später im theologischen Seminar der Herrnhuter in Barby aufgrund des rigorosen religiösen Regimentes und des einengenden Horizontes in eine schwere adoleszente Krise. Mit Freunden las er heimlich die dort verbotenen Schriften aus dem Einflussbereich der Aufklärung. Diese Leseeindrücke gekoppelt mit dem intellektuell unbefriedigenden Lehrangebot führten zu einer tiefreichenden Entfremdung von der schlicht erbaulichen Jesusfrömmigkeit der Brüdergemeine und zu ganz grundsätzlichen Glaubenszweifeln. Schleiermacher bat seinen Vater, an der Universität in Halle Theologie studieren zu dürfen. In dem berühmten Brief an den Vater heißt es: „Ich kann nicht glauben, daß der wahrer ewiger Gott war, der sich selbst nur den Menschensohn nannte; ich kann nicht glauben, daß sein Tod eine stellvertretende Versöhnung war, weil er es selbst nie ausdrücklich gesagt hat, und weil ich nicht glauben kann, daß sie nöthig gewesen."[54] Obwohl der Vater scharf reagierte, vermutlich nicht zuletzt deshalb, weil sich hier – nur eben in umgekehrter Dynamik – seine eigene Krise wiederholte, durfte Schleiermacher schließlich 1787 nach Halle wechseln. Noch in seiner ersten ethischen Programmschrift den „Monologen", die die Reflexion und Bildung der eigenen Individualität im permanenten Austausch mit anderen Stimmen und Positionen in einem unendlichen Gespräch inszeniert, nimmt Schleiermacher auf die erkämpfte eigene Freiheit und Möglichkeit zur Selbstbildung Bezug: „Es fürchtet der spät erwachte Geist, erinnernd wie lange er fremdes Joch getragen, immer wieder aufs neue die Herrschaft fremder Meinung."[55]

Hatte Schleiermacher in der Krise zunächst die Entscheidung gegen die pietistische Herrnhuter Ordnung zugunsten der Deutungsangebote der Aufklärungsphilosophie und -theologie getroffen, so ist über diese aktuelle Krise und ihre erste Auflösung hinaus doch eine chronische Krise entstanden, die allerdings nicht mehr in die Verzweiflung geführt hat, sondern die im Sinne der aufgeklärten Kritik sein Denken permanent in Bewegung gehalten hat. So hat er schließlich eine Form der

---

53 Vgl. zum Folgenden Nowak, *Schleiermacher*, 15–32.
54 Brief 53 An J.G.A. Schleyermacher, Barby, 21.1.1787, in *Kritische Gesamtausgabe V/1: Briefwechsel 1774-1776: (Briefe 1–326)*, hg. v. Andreas Arndt und Wolfgang Virmond (Berlin/New York: Walter de Gruyter, 1985), 49–52, 50.
55 Friedrich Schleiermacher, „Monologen. Eine Neujahrsgabe (1800)", in *Kritische Gesamtausgabe I/3: Schriften aus der Berliner Zeit 1800-1802*, hg. v. Günter Meckenstock (Berlin/New York: Walter de Gruyter, 1988), 1–61, 23.

langfristigen Krisenbewältigung gewählt, die im Ausagieren der Deutungsmachtkonflikte zwischen den Ordnungen zu einer bleibend spannungsreichen Synthese seiner belief systems, also seiner Überzeugungssysteme, geführt hat. Für die komplexe Verhältnisbestimmung von Religion und Vernunft, Theologie und Philosophie bietet er in seinem Brief an Jakobi 1818 anschauliche Bilder.[56] Dort spricht er von einer Ellipse mit zwei Brennpunkten, zwischen denen das Denken beständig oszilliert, d.h. hin- und herschwingt. Zudem bemüht er die Vorstellung einer „galvanischen Operation" aus der Elektrizitätslehre, um die spannungsgeladene Anziehung und Abstoßung von Gefühl (Religion) und Verstand metaphorisch zu erfassen.[57] Die Pole fordern sich immer wechselseitig heraus und ihr Verhältnis ist auf einer Skala unterschiedlicher Nähe und Distanz je nach Perspektive und Kontext genauer zu bestimmen.

Das Krisenbewusstsein hinsichtlich des prekären Verhältnisses von Religion und Vernunft ist ihm jedoch immer präsent geblieben, wie die Sequenz aus dem zweiten Sendschreiben über seine Glaubenslehre an Lücke signalisiert: „Soll der Knoten der Geschichte so auseinandergehen? Das Christentum mit der Barbarei, und die Wissenschaft mit dem Unglauben?".[58] Es ist immer wieder daran zu arbeiten, dass keine schlichte Krisenentscheidung, die eindeutig zu der einen oder der anderen Seite ausfällt, notwendig wird, sondern der Grenzraum zwischen den Ordnungen von Philosophie, Wissenschaft und Theologie so vermittelt wird, dass sie in bleibender Spannung deutungsproduktiv sein können. So konnte er sich selbst später als „Herrnhuter höherer Ordnung"[59] bezeichnen bzw. im Licht der Forschung auch als „Aufklärer höherer Ordnung"[60] charakterisiert werden. Letzteres vor allem auch deshalb, weil er sich dem Denksystem der Aufklärung nicht einfach ausgeliefert hat, sondern im Geist der Romantik dessen Leerstellen kritisiert hat, wie

---

56 Martin Cordes, „Der Brief Schleiermachers an Jacobi". *ZThK* 68 (1971): 195–212.
57 Vgl. Christiane Erhardt, *Religion, Bildung und Erziehung bei Schleiermacher: eine Analyse der Beziehungen und des Widerstreits zwischen den „Reden über die Religion" und den „Monologen"* (Göttingen: V&R unipress, 2005), 182.
58 Friedrich Schleiermacher, „Über die Glaubenslehre. Zwei Sendschreiben an Lücke", in *Kritische Gesamtausgabe I/10: Theologisch-dogmatische Abhandlungen und Gelegenheitsschriften*, hg. v. Hans-Friedrich Traulsen unter Mitwirkung von Martin Ohst (Berlin/New York: Walter de Gruyter, 1990), 307–394, 347.
59 Brief 1220 an G.A. Reimer, Gnadenfrei, 30.4.1802, in *Kritische Gesamtausgabe V/5: Briefwechsel 1801–1802 (Briefe 1005–1245)*, hg. v. Andreas Arndt und Wolfgang Virmond (Berlin/New York: Walter de Gruyter, 1999), 392–393, 393.
60 Albrecht Beutel, „Aufklärer höherer Ordnung? Die Bestimmung der Religion bei Schleiermacher (1799) und Spalding (1797)", in *200 Jahre „Reden über die Religion"*, 277–310, 286f.

im Folgenden anhand seiner Krisendiagnose des Religionssystems nachvollzogen werden kann.

2.2 Religion in der Krise: Emphatische Krisendiagnose und die Implementierung krisensensibler Wissenschaft

2.2.1 Religionskritik und kritische Religionskonstruktion

Als Schleiermacher nach seinem Studium und einer Zeit als Hauslehrer in Schlobitten, die aufgrund seiner Sympathien für die Französische Revolution und daraus erwachsener Unstimmigkeiten mit dem Grafen zu Dohna endete, 1793 nach Berlin wechselte, kam er schnell mit der Gedankenwelt der Romantik in Kontakt, insbesondere durch seine Wohngemeinschaft mit Friedrich Schlegel. Die Romantik stand dabei selbst für ein intensives Krisenbewusstsein, das ganz wesentlich durch die Umwälzungen in Frankreich bestimmt war: „In der zeitgenössischen Erlebniswelt war die französische Staatsumwälzung etwas nie zuvor Gesehenes, ein Ereignis der Menschheitsgeschichte ohne historische Analogie. Der Boden des Zeitalters war aufgebrochen. Nach 1789 war alles anders als vorher, die Hoffnungen, die Ungewißheiten, die Enttäuschungen. Es war diese Revolution, als Politikum und als Metapher, die in Europa neue geistige Aggregatzustände schuf. Man kann die Romantiker ‚Neunundachtziger' nennen, gleichviel ob sie die Revolution bejahen oder verneinten."[61]

Schleiermacher nimmt das Pathos auf und inszeniert sich in seiner Programmschrift „Über die Religion. Reden an die Gebildeten unter ihren Verächtern" deutungsmächtig als Priester, der es als seinen „göttlichen Beruf" begreift,[62] durch eine scharfe Krisendiagnose hindurch das Wesen der Religion neu freizulegen. Der Bezug auf die Französische Revolution erfolgt dabei in doppelter Weise: Er deutet sie einerseits selbst als „erhabenste That des Universums"[63], als religiöses Ereignis der Befreiung und der Etablierung von Gleichheit und Brüderlichkeit, andererseits verurteilt er die Religionsvergessenheit, die sich durch Gleichgültigkeit ohne Sinn für die Tiefenschichten des Geschehens sowie in der Maßlosigkeit der Gewalt gezeigt

---

61 Kurt Nowak, „Romantik. Zum historischen Ort einer kulturellen und religiösen Erscheinung", in *200 Jahre „Reden über die Religion"*, 39–57, 41f.
62 Schleiermacher, „Über die Religion", 191.
63 A.a.O., 196.

habe.⁶⁴ Demgegenüber soll die Religion in ihrem eigentlichen Wesen jetzt von den Gebildeten seiner Zeit wieder entdeckt werden.⁶⁵

Es werden eindrücklich performative und metaphorische Strategien aufgeboten, um dem Geltungsanspruch der eigenen Krisenerzählung Überzeugungskraft zu verleihen. Emphatisch geht es um die Inszenierung eines unbedingten Neuanfangs vor dem Bild einer „Untergangsprophetie"⁶⁶ im Sinne einer Gegenüberstellung von altem versus neuem Äon bzw. Vernichtung und Wiedergeburt der Religion.⁶⁷ Kurz gesagt: In dieser im klassischen Sinne apokalyptisch konnotierten Krisendeutung und ihren Narrativen geht es um Alles oder Nichts.

Einerseits bewegt sich Schleiermacher dabei im Rahmen aufgeklärter Kritik, wenn er Missverständnisse aus dem Weg räumen will, um „die Ursprungsidentität der Religion"⁶⁸ wieder zu gewinnen. Andererseits nimmt er Entwicklungen einer in seinem Sinne falsch verstandenen Aufklärung selbst kritisch in den Blick. Religionstheorie beginnt hier mit einer schonungslosen Wahrnehmung und Analyse des Ist-Zustandes von Religion in der Gesellschaft, allerdings nicht im Sinne einer empirischen Religionssoziologie heutiger Prägung, sondern im Sinne einer dichten, emphatischen Krisenerzählung. So heißt es bei Schleiermacher: „Es ist Euch gelungen das irdische Leben so reich und vielseitig zu machen, daß Ihr der Ewigkeit nicht mehr bedürfet, und nachdem Ihr Euch selbst ein Universum geschaffen habt, seid Ihr überhoben an dasjenige zu denken, welches Euch schuf."⁶⁹ Religion gilt in dieser Perspektive bei den Gebildeten ihrer Verächter als überholt, man erwartet nichts mehr von ihr und man vermisst sie auch nicht. Dabei weiß sich Schleiermacher durchaus auch selbst noch dem naturwissenschaftlichen Fortschrittsoptimismus der Aufklärung verpflichtet und hofft, dass der Mensch zunehmend durch Technik entlastet und für geistige Tätigkeit frei werde.⁷⁰ Allerdings nimmt der Redner zugleich wahr, dass neue Freiräume nicht in dieser Weise genutzt werden, sondern viele „keine andere Losung als gewinnen und genießen" kennen, allein auf das „Sinnliche", „den nächsten unmittelbaren Nuzen" und eine „jämmerliche Empirie

---

64 Vgl. dazu Andreas Arndt, „Die Reformation der Revolution. Schleiermachers Umdeutung der Französischen Revolution", in *Reformation und Moderne*, 183–193, 184.
65 Vgl. Nowak, *Schleiermacher und die Frühromantik. Eine literaturgeschichtliche Studie zum romantischen Religionsverständnis und Menschenbild am Ende des 18. Jahrhunderts in Deutschland* (Weimar: Böhlau, 1986), 159.
66 Vgl. Nowak, *Schleiermacher und die Frühromantik*, 158.
67 Vgl. Nowak, *Romantik*, 55f.
68 Beutel, „Aufklärer höherer Ordnung?", 292.
69 Schleiermacher, „Über die Religion", 189.
70 Vgl. a.a.O., 224.

gerichtet" sind.[71] Der Redner konstatiert zudem eine „Wuth des Verstehens", die den Sinn für Religion gar nicht erst zur Entfaltung kommen lässt, und betrachtet nicht die Zweifler und Spötter als die eigentlich Religionsfernen, sondern die „Verständigen und praktischen Menschen", denen auch der Sinn für Phantasie und Kunst fehlt und die deshalb nicht über die Wahrnehmung des Vorfindlichen hinaus gehen können.[72] Schleiermacher nimmt hier schon etwas vorweg, was Horkheimer und Adorno dann im 20. Jh. zugespitzt als „Dialektik der Aufklärung"[73] beschrieben haben, als eine gegen die eigentliche Intention der Aufklärung gerichtete entmündigende Verengung der Rationalität, die sich nur dem Messbaren und Verrechenbaren, der Optimierung unter Nützlichkeitskriterien verschreibt. Mit diesen subtilen Zeitanalysen hat Schleiermacher sich seiner spezifischen Zielgruppe bereits als intimer Kenner ihrer Sphäre zu erkennen gegeben, und er verstärkt diesen Eindruck noch, indem er sich mit ihrer Ablehnung überlieferter Religionsbestände wie z.B. bestimmter Jenseitsvorstellungen solidarisiert. Ganz im Sinne von Kants Mündigkeitsprogramm gesteht Schleiermacher seinem Publikum das Selberdenken in Religionsangelegenheiten zu, ja fordert es geradezu: „Ihr wollt überall auf eigenen Füßen stehn und Euren eignen Weg gehen, aber dieser würdige Wille schreke Euch nicht zurük von der Religion. Sie ist kein Sklavendienst und keine Gefangenschaft; auch hier sollt Ihr Euch selbst angehören."[74] Das heißt auch: Wenn Verachtung der Religion vorliegt, dann soll es eine gebildete Verachtung sein, die kritische Rechenschaft von den eigenen begrifflichen Voraussetzungen zu geben vermag. Schleiermachers Grundintention ist jedoch freilich, im Sinne seines schon beschriebenen Krisenmanagements zwischen verschiedenen Ordnungen des Wissens und des Glaubens zu zeigen, dass es ein Verständnis von Religion geben kann, das einerseits aufklärungskompatibel ist und den kritischen Einwänden standhält und andererseits von den verengten Fehlformen aufgeklärter Ratio gar nicht intentional getroffen wird. Religion wird bei ihm von jeder Funktionalisierung und Vereinnahmung durch moralische Handlungsorientierung und philosophisch-spekulative Weltbetrachtung befreit. Ihr wird eine eigene „Provinz im Gemüthe"[75] und das heißt vor allem, ein eigener irreduzibler Weltzugang bzw. ein spezifischer Modus der Weltwahrnehmung und -deutung zugeschrieben. Dieser Weltzugang ist durch die Haltung des radikalen „Empfangens" gekennzeichnet, durch eine vorgängige

---

71 A.a.O., 195f.
72 Vgl. a.a.O., 252.
73 Max Horkheimer und Theodor Adorno, *Dialektik der Aufklärung. Philosophische Fragmente* (Frankfurt a.M.: Fischer, 23. Aufl. 2017).
74 Schleiermacher, „Über die Religion", 241f.
75 A.a.O., 204.

Wahrnehmung des unverfügbaren Grundes des Gewordenseins von Selbst und Welt „in Anschauung und Gefühl"[76], die der eigenen Gestaltung und reflexiven Aneignung und Durchdringung vorausliegt.

2.2.2 (Praktische) Theologie als Krisenwissenschaft

Das Bewusstsein für die notwendige Krisendiagnose als Ausgangspunkt für quasi therapeutische wissenschaftliche und pragmatische Interventionen hat Schleiermacher auch strukturell enzyklopädisch festgehalten und der weiteren Entwicklung der Theologie als krisensensibler Wissenschaft ins Stammbuch geschrieben. Denn die Theologie wird von ihm als positive Wissenschaft verstanden, die „zur Lösung einer praktischen Aufgabe"[77] beiträgt, die im Falle der Theologie als Befähigung zur „Kirchenleitung"[78] zu verstehen ist. Der Theologie als Ganzer ist damit ein Praxis- und Professionsbezug eingestiftet,[79] der in den anderen Disziplinen stets mitzuführen, in der Praktischen Theologie jedoch eigens zu thematisieren ist.[80] Die Praktische Theologie bezieht sich auf die vorgängige Praxis, in der die religiösen Gefühle zur Darstellung kommen und überführt sie durch theoretisch- systematisierende und ordnende Reflexion in einen intentional bewusst gestalteten Handlungsraum. Um den Praxisbezug möglichst differenziert in theoretischer Perspektive herstellen zu können, ist eine genaue Wahrnehmung und kritische Reflexion der Empirie, der vorfindlichen Wirklichkeit inklusive ihrer Handlungsfelder und Praxen notwendig. Diese Aufgabe weist Schleiermacher der „kirchlichen Statistik" zu, die zur „Erfassung des gegenwärtigen Christentums, seiner Lehre und seines Lebens, seiner kirchlichen Verfassung und schließlich seiner Wirkungen auf Kultur und Gesellschaft, Staat und Wissenschaft"[81] beitragen soll. Der „kirchlichen

---

76 A.a.O., 211.
77 Friedrich Schleiermacher, „Kurze Darstellung des theologischen Studiums zum Behuf einleitender Vorlesungen. Zweite umgearbeitete Ausgabe (1830), in *Kritische Gesamtausgabe I/6: Universitätsschriften. Herakleitos. Kurze Darstellung des theologischen Studiums*, hg. v. Dirk Schmid (Berlin/New York: Walter de Gruyter, 1998), 321–446, 326.
78 Schleiermacher, „Kurze Darstellung", 327f.
79 Vgl. Eilert Herms, *Theorie für die Praxis. Beiträge zur Theologie* (München: Kaiser, 1982).
80 Vgl. Christian Albrecht, „Die Praktische Theologie im Gesamtzusammenhang der Theologie", in *Themen und Probleme Theologischer Enzyklopädie. Perspektiven von Innen und Außen*, hg. v. dems. und Peter Gemeinhardt (Tübingen: Mohr Siebeck, 2021), 157–173, 161.
81 Wilhelm Gräb, „Schleiermachers Konzeption der Theologie als empirisch-praktische Wissenschaft vom Christentum", in *Praktische Theologie und empirische Religionsforschung*, hg. v. Birgit Weyel, dems. und Hans-Günter Heimbrock (Leipzig: Evangelische Verlagsanstalt, 2013), 15–26, 16.

Statistik", die man als eine Vorform der Kirchen- und Religionssoziologie begreifen kann, geht es konkret um die „Kenntniß des gesellschaftlichen Zustandes in allen verschiedenen Theilen der christlichen Kirche"[82], wobei sowohl die „innere Beschaffenheit" als auch „die äußeren Verhältnisse" der kirchlichen Gemeinschaften Beachtung finden sollen.[83] Die Aufgabe der „kirchlichen Statistik" geht dabei „ins Unendliche", weil sie sich im Sinne der modernen Dauerrevision und Dauerkritik des Gegebenen immer wieder auf die neuen geschichtlichen und gesellschaftlichen Entwicklungen einstellen muss, so dass „nach eingetretener Veränderung die jedesmaligen Elemente der Kirchengeschichte zuwachsen."[84]

Es verwundert nicht, dass die Praktische Theologie von diesem Startpunkt aus im Zuge der empirischen Weiterentwicklung des Faches schließlich direkt als Krisenwissenschaft deklariert worden ist, die ihre Gegenstände im Gefolge der Umstellungen nach der Aufklärung und der zu beobachtenden Traditionstransformationen und -abbrüche selbst unter dem Vorzeichen von Krise thematisiert und zugleich immer wieder an der Krisenbewältigung arbeitet.[85] Die Praktische Theologie reflektiert von daher im mehrfachen Sinne die auf das Religionssystem bezogenen Krisenerfahrungen der Moderne und versucht, sie produktiv zu wenden.

2.3 Gesellschaft in der Krise: Riskante Krisendeutungen in religiöser und politischer Rede

2.3.1 Krisennarrative im Krieg

Die Französische Revolution hatte Schleiermacher noch aus der Distanz, wenn auch mit großer Emotionalität verfolgt, wie neben den *Reden über die Religion* ein früherer Brief an den Vater 1793 nach der Hinrichtung von Ludwig XVI. zeigt:

> Ich „scheue [...] mich gar nicht, Ihnen zu gestehen, daß ich die Französische Revolution im Ganzen genommen sehr liebe, freilich, wie Sie es wol ohnehin von mir denken werden, ohne Alles, was menschliche Leidenschaften und überspannte Begriffe dabei gethan haben [...] ohne den unseligen Schwindel einer Nachahmung davon zu wünschen"[86].

---

82 Schleiermacher, „Kurze Darstellung", 394.
83 A.a.O., 408.
84 A.a.O., 410.
85 Vgl. Christian Grethlein, *Praktische Theologie* (Berlin/Boston: Walter de Gruyter, 2. Aufl. 2016), 20–71.
86 Brief 209 an J.G.A. Schleyermacher. Schlobitten 10.2.–14.2.1793 in *Kritische Gesamtausgabe V/1*, 277–281, 280.

Im Gefolge der weiteren politischen Entwicklungen wurde er dann jedoch direkt in das Geschehen involviert und von der großen Krise der Koalitionskriege Preußens getroffen.[87] Er äußert sich in Briefen gegenüber Freunden z.B. zu der Schlacht in Austerlitz 1805[88] und schreibt unmittelbar vor der Kriegserklärung Preußens an Frankreich am 20.6.1806 an Charlotte von Kathen: „Mir steht schon die Krisis von ganz Deutschland, und Deutschland ist doch der Kern von Europa, ebenso vor Augen [...] ich athme die Gewitterluft und wünsche, daß ein Sturm die Explosion schneller herbeiführe, denn an Vorüberziehen ist, glaube ich, nicht mehr zu denken."[89]

Nach der Niederlage Preußens in Jena und Auerstedt 1806 wurde auch Halle, wo Schleiermacher ab 1804 als Professor und Universitätsprediger wirkte, von französischen Truppen eingenommen und die Universität geschlossen, so dass Schleiermacher finanziell in Schwierigkeiten geriet. Er wird von den Geschehnissen im Inneren so ergriffen, dass er auch hier – wie schon im Kontext der Französischen Revolution – zu apokalyptischen Bildern und Krisennarrativen in der Deutung greift und den Krieg als kosmische Erschütterung sieht, die Regeneration und Neuanfang aus sich heraussetzen soll.[90] In seinen Predigten der Jahre 1806–1808, die er selbst als zweite Sammlung herausgegeben hat, bleibt er aber seiner Theorie vom angemessenen Stil auf der Kanzel entsprechend eher gemäßigt im Ton, auch wenn er sich deutlich positioniert:

> Tausende von Familien schweben in ängstlicher Besorgniß und das Schicksal der theuersten Häupter; viele sind auf mannigfaltige Weise in ihrem Inneren zerstört, nicht wenige ihres Versorgers beraubt, [...]; der ruhige Wohlstand, man könnte sagen fast aller unserer Mitbürger ist auf längere Zeit hinaus gestört, die Quellen des Erwerbes versiegen auf allen Seiten je länger je mehr, die Entbehrungen nehmen zu; und so wenig das Ende der gegenwärtigen Zerrüttungen abzusehen ist, so sicher ist einem Jeden die Aussicht daß Besiz und Genuß je länger je mehr ins kärgliche und dürftige zusammenschrumpfen werden, daß die Sorge immer mehr Uebergewicht erlangen wird über die Freude.[91]

---

87 Vgl. Miriam Rose, *Schleiermachers Staatslehre* (Tübingen: Mohr Siebeck, 2011), 15–22.
88 Vgl. Simon Gerber, „‚... es scheint wirklich Ernst zu werden. Gott sei Dank.': Politik, Krieg und Zeitdeutung in Schleiermachers Hallenser Briefwechsel", in *Friedrich Schleiermacher in Halle 1804–1807*, hg. v. Andreas Arndt (Berlin/Boston: Walter de Gruyter, 2013), 115–130, 117.
89 Brief 2196 an Ch. von Kathen, Halle 6.6.–20.6.1806, in *Kritische Gesamtausgabe V/9: Briefwechsel 1806-1807 (Briefe 2173–2597)*, hg. v. Andreas Arndt und Simon Gerber (Berlin/Boston: Walter de Gruyter, 2012), 38–41, 41.
90 Vgl. Gerber, „... es scheint wirklich Ernst zu werden. Gott sei Dank.", 126.
91 Friedrich Schleiermacher, Predigt „Daß die lezten Zeiten nicht schlechter sind als die vorigen", in *Kritische Gesamtausgabe III/1*, 295–310, 296.

Seine Deutungen des Geschehens sind zutiefst von seinen theologischen Grundanliegen und predigttheoretischen Überlegungen geleitet. Das Politische wird als Horizont der Deutung und als Anschluss an die Erfahrungswelt der Hörenden aufgerufen, aber es wird nicht politisiert, sondern das Wahrgenommene wird im religiösen Deutungshorizont transformiert.[92] Entsprechend wird der Krieg intensiv als Krise dargestellt, die auf der Grenze zwischen den Ordnungen angesiedelt ist, „wo die wesentlichen Verhältnisse eines bedeutenden Theiles unseres Geschlechtes sich ändern oder umkehren sollen, wo eine gewisse Stuffe der Bildung abgelebt ihr Ende erreichen soll, kurz, wo ein großer Abschnitt in der Geschichte der Menschen nahe ist."[93] Der Krieg erscheint als Krise zwischen Abbruch und Aufbruch. Er soll zur Selbsterkenntnis dienen, als Möglichkeit der Erziehung und Selbstbildung, um die Orientierung auf das bleibend Gute im Inneren und Äußeren auszurichten und die Verantwortung vor Gott in der Bewältigung der Krise wahrzunehmen. Schleiermacher ist daran gelegen, den Geist der Liebe als Ausdruck des Gottesbewusstseins im Menschen, das in allem seinem Tun mitgesetzt gedacht wird, zu stärken und das korrespondierende religiöse Bewusstsein in der Versammlung zirkulieren zu lassen. Er predigt deskriptiv, „um die Gedanken und Empfindungen des Christen, auch die ethischen Impulse und Zielsetzungen, die aus dem christlich bestimmten Bewusstsein entspringen, sowie das Bild des Erlösers als Urbild der Bestimmung des Menschen als Individuum und als Gattung" vor Augen zu malen.[94] Der eigene Wille soll sich zunehmend mit dem Willen Gottes als Grundlage der Sittlichkeit und des Gewissens identifizieren und die Christen sollen das Gemeinwohl im Durchstehen der Krise nach den Regeln vernünftiger Sittlichkeit mitgestalten.[95] Martin Ohst fasst die ethische Intention der Kriegspredigten von 1806 so zusammen: Es ist „das nach den Maßgaben des vernünftig reflektierten Ethos gestaltete Arbeiten und Kämpfen in den unterschiedlichen Formationen der geschichtlichen Welt schlichtweg der Ort, an dem christlicher Glaube seine Lebensgestalt gewinnt

---

92 Vgl. Friedrich Schleiermacher, „Die Praktische Theologie nach den Grundsäzen der evangelischen Kirche im Zusammenhange dargestellt. Aus Schleiermachers handschriftlichem Nachlasse und nachgeschriebenen Vorlesungen", in *Sämmtliche Werke I/13*, hg. v. Jacob Frerichs (Berlin: Reimer, 1850), 209–212.
93 Friedrich Schleiermacher, Predigt „Wie sehr es die Würde des Menschen Erhöht, wenn er mit ganzer Seele an der bürgerlichen Vereinigung hängt, der er angehört" (24.8.1806), in *Kritische Gesamtausgabe III/1*, 248–264, 252.
94 Reiner Preul, „Predigten" in *Schleiermacher Handbuch*, 411–425, 415.
95 Vgl. Christoph Meier-Dörken, *Die Theologie der frühen Predigten Schleiermachers*, (Berlin/New York: Walter de Gruyter, 1988), 183, 187, 194.

– er befindet sich also in der Politik, im Rechtswesen oder im Kriegsdienst ebenso wenig im Exil wie in der Ehe oder in der Familie."[96]

2.3.2 Politisches Krisenmanagement im Kontext der Preußischen Reformen und der Restauration

Schleiermacher ist dann nach seiner Rückkehr nach Berlin 1807 tatsächlich selbst zu einem politischen Gestalter der Krise geworden, indem er in verschiedenen Kontexten an der Erneuerungsbewegung der preußischen Reformen mitwirkte, um eine „Reformation der Revolution"[97] umzusetzen, indem wesentliche emanzipative Ideen der Aufklärung und Freiheits- und Partizipationsbestrebungen der Französischen Revolution aufgenommen wurden. Schleiermacher engagierte sich hinsichtlich der Neuordnung von Verwaltung, Militär und Kirchenordnung und in besonderer Weise auch des Bildungsbereichs. Er war sowohl in die Kirchenreform eingebunden und Präses der ersten unierten Berliner Synode als auch neben Wilhelm von Humboldt an der Profilierung der Gymnasien und der Gründung der Berliner Universität 1810/11 beteiligt.[98]

Allerdings kam Schleiermacher politisch auch nach diesen Prozessen nicht zur Ruhe, sondern erlebte die nächste Krise nach dem Erstarken der Reaktion und Restauration, die in den Karlsbader Beschlüssen 1819 manifestiert wurden. Diese trafen über die verschärfte Zensur auch die Berliner Fakultät in der sogenannten Causa de Wette.[99] Wilhelm Martin Leberecht de Wette, Kollege Schleiermachers, hatte an die Mutter des Burschenschaftlers Karl Ludwig Sand im März 1819 nach dem Attentat auf August von Kotzebue einen Trostbrief geschrieben. Daraufhin befahl der König im September 1819 die Entlassung de Wettes. Die Fakultät, allen voran Schleiermacher, protestierte auf das Heftigste, weil sie diesen Eingriff auch als Anschlag auf die Freiheit der Wissenschaft verstand. Schleiermacher richtete einen privaten finanziellen Unterstützungsfond für de Wette ein und riskierte mit seinen

---

[96] Martin Ohst, „1789–1848: Politik und Predigt bei Schleiermacher. Eine Fallstudie", in *Predigt und Politik. Zur Kulturgeschichte der Predigt von Karl dem Großen bis zur Gegenwart*, hg. v. Tobias Braune-Krickau und Christoph Galle (Göttingen: Vandenhoeck & Ruprecht unipress, 2021), 209–235, 227.
[97] Andreas Arndt, *Die Reformation der Revolution. Friedrich Schleiermacher in seiner Zeit* (Berlin: Matthes & Seitz, 2019).
[98] Vgl. Nowak, *Schleiermacher*, 215–222 und 340–370.
[99] Vgl. die ausführliche Darstellung und Interpretation bei Sarah Schmidt, „Schleiermachers Ethik des Wissens und der Wissenschaften" in: *Friedrich Schleiermacher zwischen Reform und Restauration*, 31–56.

Äußerungen selbst Vorladungen und seine Versetzung. So war er federführend an der Eingabe der Fakultät an den Kultusminister Altenstein beteiligt, in dem es pointiert heißt: „Wir sind zugleich überzeugt, daß die protestantische Kirche in diesem Zeitalter der Gärung und Krisis am wenigsten durch gewaltsame Unterdrückung einer in diesem Gärungszustande hervortretenden und auf den Universitäten miteinander streitenden theologischen Geistesrichtungen jenem Ziele näher geführt werden kann."[100]

War Schleiermacher schon nach seiner Glaubenskrise vehement für freie Geistesbildung eingetreten, so findet sich hier in seiner Spätphase im politischen Feld noch einmal korrespondierend ein starkes Votum für einen freien Meinungsstreit, den es gerade in Krisen zuzulassen gelte, um auf der Grenze der Ordnungen den Raum zwischen Altem und Neuen zum Vorteil des Gemeinwohls auszuloten. Dieses Votum für die Freiheit im Diskurs bietet sich unmittelbar als Ausgang für einen abschließenden Ausblick auf die Krisenszenarien der Spätmoderne an.

---

100 Abgedruckt in Max Lenz, *Geschichte der königlichen Friedrich-Wilhelms-Universität zu Berlin* (Halle: Verlag der Buchhandlung des Waisenhauses, 1910, Bd. 4), 368.

3 Komplexe Krisenszenarien: Von Schleiermacher zur Krisenkommunikation in der Spätmoderne

Der exemplarische Durchgang durch Schleiermachers Biographie und Werk hat deutlich werden lassen, wie sich bei ihm existentielle Krisen, Glaubenskrisen, intellektuelle Krisen und politische Krisen auf den Ebenen der individuellen Erfahrung, der kritischen (Zeit-)Diagnose und der gewagten Deutung im Horizont des modernen Krisenbewusstseins rekonstruieren lassen. Insbesondere sein apokalyptisch grundiertes Krisennarrativ zum Zustand und zur Zukunft der Religion zwischen Untergang und Neuem Äon hat dabei diagnostische und prognostische sowie empirische und normative Anteile im Versuch der programmatischen Krisenkommunikation verbunden. Im öffentlichen Raum hat er durch religiöse Rede in seinen Predigten und durch politische Voten im Streit der Meinungen klar Position bezogen und doch auch immer wieder Wege der Vermittlung zwischen Extremen gesucht. Was bleibt von seinem Ansatz des spannungsreichen Hin- und Herschwingens zwischen verschiedenen Ordnungen oder Diskursen, um krisenhafte Situationen nicht einfach nur im Sinne eines Entweder-Oders zu entscheiden bzw. wenigstens die Grenzräume zwischen den Ordnungen im Krisenmodus erst einmal auszuloten, um eine neue Anschauung der Welt zu gewinnen?

Schleiermacher reagiert als Repräsentant des Übergangs vom 18. zum 19. Jahrhundert auf die politischen Umwälzungen in Frankreich und in Preußen sowie auf die Choleraepidemie 1821.[101] Interessanterweise sind es auch im 21. Jahrhundert gerade die Erfahrungen der Pandemie, des Krieges und der Naturkatastrophen im Gefolge des Klimawandels, die, verstärkt durch die globalen Verflechtungen und die Entgrenzungen in einer Kultur der Digitalität, das Gefühl der Entsicherung, der Fragilität und Verletzlichkeit trotz aller Sicherungsmaßnahmen und Fortschrittsverheißungen der Moderne wieder erheblich befördern. Dabei spitzen sich Krisenerfahrungen in der Spätmoderne allerdings so zu, dass die Grundannahmen der Moderne seit der Aufklärung selbst Ziel der Kritik werden, wie exemplarische soziologische Analysen vor Augen führen, die sich nach der Covid-19-Pandemie vielstimmig zu Wort gemeldet haben.

So rekonstruiert Andreas Reckwitz die Moderne in Prozessen der Kontingenzöffnung und Kontingenzschließung, wonach durch Krisen Freiheits- und Möglichkeitsgewinne entstehen, die zu neuen Zwängen führen, die ihrerseits nach Kritik

---

101 Vgl. Friedrich Schleiermacher, „Am Todtenfeste 1821", in *Kritische Gesamtausgabe III/6: Predigten 1820-1821*, hg. v. Elisabeth Blumrich (Berlin/Boston: Walter de Gruyter, 2015), 971–981.

verlangen.¹⁰² In der Spätmoderne zeige sich jedoch fundamental die Krise des „am Fortschritt orientierten Regimes des Neuen" und das heißt die Krise der Moderne als solcher.¹⁰³ Damit verbunden entwickeln sich Formen der „Verlustsensibilisierung" und gesteigerte Verlustängste bis hin zu einem Verlust „positiver Zukunftserwartungen" überhaupt.¹⁰⁴

Hartmut Rosa will diesem größtmöglichen Verlust an Zuversicht etwas entgegensetzen und fragt, „ob die gegenwärtige Sozialformation wirklich gut beraten wäre, angesichts der sie verunsichernden Krisenphänomene ökologischer, sozialer, ökonomischer, psychischer und politischer Art auf den Versuch zu verzichten, alle ihre verfügbaren kognitiven, methodischen und epistemischen, kurz: wissenschaftlichen Ressourcen dafür einzusetzen, einen bestmöglichen Deutungsvorschlag – einen Best Account – ihrer soziokulturellen Verfassung und ihrer geschichtlichen Lage zu entwickeln."¹⁰⁵ Dass dieser Best Account selbst wieder kritisch auszuhandeln ist, ist dabei unbenommen. Es geht um *„begründete Vorschläge zur Selbstverständigung angesichts je spezifischer Problemlagen"* und die Entwicklung von Handlungsalternativen.¹⁰⁶ Diese sind ohne eine diagnostische Analyse des auf Dauer gestellten Krisenmodus allerdings nicht denkbar. Rosa entfaltet eine solche Analyse im Rahmen seiner Beschleunigungsthese und beschreibt Desynchronisationseffekte, die dadurch auftreten, dass der Verbrauch verschiedener Ressourcen schneller und intensiver erfolgt als die Möglichkeit der Reproduktion von Energien oder des Zur-Verfügung-Stellens von Zeit für notwendige Aushandlungs- oder Erholungsprozesse: „Eine Sozialformation, die sich nur dynamisch zu stabilisieren vermag, kann [...] langfristig nicht nachhaltig sein, weil sie unter der ständigen Energiezufuhr von den komplementären Phänomenen der Überhitzung in Form des Treibhauseffektes und des immer aggressiver werdenden politischen Klimas auf der Makro- und Mesoebene und des Ausbrennens auf der Mikroebene der individuellen Psyche bedroht ist."¹⁰⁷ Als Gegenmodell entwirft Rosa sein Verständnis von resonanten, entschleunigten Weltbeziehungen, die die Elemente der Affizierung/Berührung, der Emotion, der Transformation und der Achtung des Unverfügbaren betonen. Er spricht von *„innerweltlicher Transzendenz"*: „Diese gründet zunächst in einer Aufmerksamkeitsverschiebung und einer Haltungsänderung: Ein ergebnisoffenes *Hören und Antworten* tritt als dispositioneller, mediopassiver

---

102 Vgl. Reckwitz, *Gesellschaftstheorie als Werkzeug*, 119.
103 A.a.O., 121 und 127.
104 A.a.O., 127.
105 Hartmut Rosa, „Best Account. Skizze einer systematischen Theorie der modernen Gesellschaft", in *Spätmoderne in der Krise*, 151-252, 165.
106 A.a.O., 168 (Kursiv im Original).
107 A.a.O., 204.

Ausgangsmodus der Weltbeziehung an die Stellen eines zielbewussten, einseitig aktivischen *Kontrollierens und Dominierens*, das die handelnden Subjekte in der Selbsterfahrung am Ende zu passiven Opfern werden lässt – und dies macht einen Unterschied ums Ganze."[108]

Eine gründliche, selbst wieder kritische Analyse dieses Ansatzes kann im Rahmen dieses Beitrags nicht mehr erfolgen. Interessant ist jedoch, dass mit der Betonung der Unverfügbarkeit von Leben und bestimmten Lebensvollzügen, die der Verfügbarmachung der Welt entgegengesetzt werden,[109] und der Hervorhebung der Bedeutung von Resonanzachsen oder resonanten Weltbeziehungen, die Selbstwirksamkeit, Emotionalität und Verbundenheit gleichermaßen erleben lassen, durchaus Akzente gesetzt werden, die Anklänge an die Romantik erkennen lassen und die auch im Werk Schleiermachers anschlussfähig aufzusuchen sind. Mediopassivität als existentielle Ausgangslage, die Hören und Empfangen vor das Antworten setzt, ruft die Beschreibung des religiösen Weltzugangs nach Schleiermacher in Erinnerung, wonach Religion als Wahrnehmung des immer schon wirksamen Universums verstanden wird, auf die der Mensch reagiert, und wonach Religion als eine „Kultur des sich Verhaltens zum Unverfügbaren"[110] begriffen werden kann. Inwieweit von daher gerade die christliche Religion protestantischer Prägung Impulse zu einem „Best Account" als Deutungsvorschlag zur Bewältigung der komplexen Krisenszenarien der Spätmoderne, die auf die Erschöpfungszustände des strapazierten modernen Gesellschaftssystems und seiner Subjekte reagieren, beizutragen vermag, wäre genauer zu diskutieren.

Noch einmal anders setzt gegenwärtig Armin Nassehi an, der in systemtheoretischer Perspektive fragt, warum trotz besseren Wissens und solcher begründeten Vorschläge für Haltungsänderungen und Handlungsalternativen aus verschiedenen Wissenschaften die Krisen in der spätmodernen Gesellschaft offenbar nicht einfach zu lösen sind. Er geht von einer grundlegenden Überforderungssituation der funktional ausdifferenzierten spätmodernen Gesellschaft aus, der eine zentrale Instanz fehlt, um auf die vielfältigen Krisenerfahrungen abgestimmt und koordiniert zu reagieren, obwohl die Einzelsysteme sehr effizient reagieren, wie die schnelle Entwicklung eines Impfstoffes bei Corona exemplarisch gezeigt hat.[111] Dabei lautet die Grundthese, dass „die Struktur der Gesellschaft selbst jene Restriktionen enthält, die einerseits zu einer permanenten Überforderung an

---

108 A.a.O., 248 (Kursiv im Original).
109 Vgl. Hartmut Rosa, *Unverfügbarkeit* (Wien/Salzburg: Residenz Verlag, 2018); ders., *Demokratie braucht Religion. Über ein eigentümliches Resonanzverhältnis* (München: Kösel Verlag, 2022).
110 Hermann Lübbe, *Religion nach der Aufklärung* (Graz/Wien/Köln: Styria Verlag, 1986), 149.
111 Armin Nassehi, *Unbehagen. Theorie der überforderten Gesellschaft* (München: Beck, 2021), 18.

selbsterzeugten Problemlagen führen, die andererseits die Basis für Lösungsperspektiven sein können."[112] Ähnlich wie Rosa wählt auch Nassehi interessanterweise Deutungsmodelle, die religiöse Anschlussstellen aufweisen, obwohl sie sich selbst nicht so verstehen. Nassehi spricht von einer „Soziodizee", die an die Vorstellungen der Theodizee anknüpft und fragt: *„Wie können die Menschen, kann die Menschheit, kann die Gesellschaft so viel Leid und Problematisches zulassen, während sie die Mittel dagegen doch in der Hand zu halten scheint? Warum streben die Handelnden, obwohl sie doch die Mittel dazu hätten, nicht nach dem summum bonum, das alle besserstellen und Problemlösungen wahrscheinlicher machen würde?"*[113]

Die Antwort besteht nach Nassehi darin, dass Glanz und Elend der modernen Gesellschaft quasi in eins fallen: „Die Leistungsfähigkeit der Moderne ist ein Effekt der Differenzierung, des Verzichts auf Interdependenzen, der Überwindung von ‚Ganzheitlichkeit', der (Ergebnis-)Offenheit der jeweiligen Prozesse, des Verzichts auf wechselseitige vollständige Kontrolle und Koordination. Ihre Schwäche ist aber, dass die funktionale Differenzierung die Gesellschaft an die Grenzen koordinierter Handlungsfähigkeit bringt."[114] Nassehi will freilich nicht einer Entdifferenzierung der Gesellschaft oder gar einer Entdemokratisierung das Wort reden, sondern er will das Bewusstsein für die Strukturen schärfen und eine Pragmatik vorschlagen, die vermehrt darum bemüht ist, Anschlussstellen in den jeweiligen Deutungen für die anderen Funktionssysteme herzustellen: *„Handle so, dass Dein Gegenüber anschließen kann, gerade weil Du das nicht kontrollieren kannst."*[115] Instanzen und Institutionen bleiben getrennt und ihrer jeweiligen Logik verhaftet, aber das Aufeinanderbeziehen des Unterschiedenen soll verstärkt gefördert werden. Es sollen „Rekombinationsmöglichkeiten" austariert und Kommunikationsformen eingeübt werden, die dann „Elemente ungewohnt, ergebnisoffen neu kombinieren", um kreative Lösungsansätze für die komplexen Krisenszenarien zu entwickeln.[116] Im Sinne einer Praxeologie weist Nassehi nachdrücklich darauf hin, dass Aufklärung, Kritik, Wissen und Einsicht allein nicht reichen, um Routinen und Gewohnheiten, also habitualisierte Praxen, zu ändern, sondern dass es dafür Anreize in der Praxis selbst und ausreichend Übung braucht, um Neues selbst wieder so zu implementieren, dass seine Bedingungen nicht permanent thematisiert bzw. sichtbar sein müssen. Er spricht in diesem Zusammenhang von einem notwendigen Latenzschutz und setzt nicht zuletzt auf Ästhetik und die Deutungsmacht von

---

112 A.a.O., 25.
113 A.a.O., 30 (Kursiv im Original).
114 A.a.O., 310.
115 A.a.O., 318 (Kursiv im Original).
116 A.a.O., 320.

Bildern und Narrativen, die gestalthaft wirken und eher evolutionäre Veränderungen initiieren als disruptive Revolutionen.[117]

Bemerkenswerterweise hat ja schon Schleiermacher Einseitigkeiten und Verengungen des aufgeklärt modernen Rationalismus beklagt und die Notwendigkeit einer Förderung des ästhetischen und religiösen Sinnes betont, um das reine Nützlichkeitsstreben zu konterkarieren. Es gehört jedoch zur Signatur der kritischen Moderne, dass es keine schlichten Rezepte des Krisenmanagements gibt, sondern die Strategien im Umgang mit den vielfältigen Herausforderungen selbst wieder ausgehandelt werden müssen. Dabei auf die unterschiedlichen Bedürfnisse und Überforderungssituationen zu achten und die unterschiedlichen Zugänge und Ressourcen, die nicht im Wissen und Erkennen aufgehen, sondern emotional und pragmatisch grundiert sind, mit zu berücksichtigen, verbindet jedoch Schleiermachers Krisenverständnis und Krisenbewältigungsmanagement und die grenzbewussten Ansätze von Rosa und Nassehi für die Spätmoderne durchaus über alle Differenzen hinweg. Einigkeit besteht z.B. darin, dass es geboten bleibt, auch angesichts bedrohlicher Krisensettings die Diskurse und Praxen vor verschiedenen Formen der Vereindeutigung zu bewahren und im Sinne Schleiermachers dafür einzutreten, dass Freiheit im Denken und Meinungsvielfalt unbedingt zu schützen sind und in diesem Sinne aufgeklärte Aushandlungsprozesse im Rahmen einer bewussten Lebensführung in einer pluralistischen, demokratischen Gesellschaft niemals als überwunden zu betrachten sind. Modernes (und spätmodernes) Krisenbewusstsein steht für ein Bewusstsein der begrenzten Deutungsmacht aller Deutungsvorgänge, für ein kritisches Bewusstsein hinsichtlich der Bedingungen der Vernunft, der Selbsterkenntnis, der Bildung und der Bedingungen religiöser und politischer Rede. In ihrem Sinne geht es um „Fundamentalismusprophylaxe"[118] und die braucht auch die spätmoderne Gesellschaft auf der Grenze der Ordnungen im Krisenmodus sowohl in politischer als auch in religiöser Hinsicht nach wie vor. Von daher bleibt letztlich – eingedenk aller Verschiebungen und Zuspitzungen in der gegenwärtigen Erfahrung von komplexen Krisenszenarien – nur mit Schleiermacher für eine kultivierte Form des Streits im unendlichen Gespräch zu werben – in der Hoffnung, dass die Zukunft durch Krisen hindurch offenbleibt und nicht in einer apokalyptischen Katastrophe endet, damit Entscheidungs- und Handlungsspielräume in Form neuer Praxen Gestalt finden können.

---

117 Vgl. a.a.O., 328f.
118 Martina Kumlehn, „Religiöse Bildung als Fundamentalismusprophylaxe", in: *Anti-demokratische Tendenzen in Mecklenburg-Vorpommern. Wo kann Bildung ansetzen?*, hg. vom Zentrum für Lehrerbildung und Bildungsforschung der Universität Rostock, Arbeitsstelle politische Bildung, Rostock, 2016, 71–81.

Literaturverzeichnis

Quellen

Schleiermacher, Friedrich. *Die Praktische Theologie nach den Grundsäzen der evangelischen Kirche im Zusammenhange dargestellt. Aus Schleiermachers handschriftlichem Nachlasse und nachgeschriebenen Vorlesungen*, Band I/13 von *Sämmtliche Werke*, hg. v. Jacob Frerichs. Berlin: Reimer, 1850.
Schleiermacher, Friedrich. „Brouillon zur Ethik 1805/06", in *Schleiermachers Werke. Zweiter Band. Entwürfe zu einem System der Sittenlehre/nach den Handschriften Schleiermachers*, neu hg. u. eingel. v. Otto Braun, Neudruck der 2. Aufl. Leipzig 1927. Aalen: Scientia Verlag, 1967.
Schleiermacher, Friedrich. *Hermeneutik und Kritik*, hg. und eingel. v. Manfred Frank. Frankfurt a.M.: Suhrkamp, 1977.
Schleiermacher, Friedrich. „Über die Religion. Reden an die Gebildeten unter ihren Verächtern" (1799), in *Kritische Gesamtausgabe I/2: Schriften aus der Berliner Zeit 1796–1799*, hg. v. Günter Meckenstock, 185–326. Berlin/New York: Walter de Gruyter, 1984.
Schleiermacher, Friedrich. *Briefwechsel 1774–1776 (Briefe 1-326)*, Band V/1 von *Kritische Gesamtausgabe*, hg. v. Andreas Arndt und Wolfgang Virmond. Berlin/Boston: Walter de Gruyter, 1985.
Schleiermacher, Friedrich. „Monologen. Eine Neujahrsgabe (1800)", in *Kritische Gesamtausgabe I/3: Schriften aus der Berliner Zeit 1800–1802*, hg. v. Günter Meckenstock, 1–61. Berlin/New York: Walter de Gruyter, 1988.
Schleiermacher, Friedrich. „Über die Glaubenslehre. Zwei Sendschreiben an Lücke", in *Kritische Gesamtausgabe I/10: Theologisch-dogmatische Abhandlungen und Gelegenheitsschriften*, hg. v. Hans-Friedrich Traulsen unter Mitwirkung von Martin Ohst, 307–394. Berlin/New York: Walter de Gruyter, 1990.
Schleiermacher, Friedrich. „Kurze Darstellung des theologischen Studiums zum Behuf einleitender Vorlesungen. Zweite umgearbeitete Ausgabe (1830), in *Kritische Gesamtausgabe I/6: Universitätsschriften. Herakleitos. Kurze Darstellung des theologischen Studiums*, hg. v. Dirk Schmid, 321–446. Berlin/New York: Walter de Gruyter, 1998.
Schleiermacher, Friedrich. *Briefwechsel 1801–1802 (Briefe 1005–1245)*, Band V/5 von *Kritische Gesamtausgabe*, hg. v. Andreas Arndt und Wolfgang Virmond. Berlin/New York: Walter de Gruyter, 1999.
Schleiermacher, Friedrich. „Manuskripte Schleiermachers zur Kritik (1826)", in *Kritische Gesamtausgabe II/4: Vorlesungen zur Hermeneutik und Kritik*, hg. v. Wolfgang Virmond unter Mitwirkung von Hermann Patsch, 176–187. Berlin/Boston: Walter de Gruyter, 2012.
Schleiermacher, Friedrich. „Predigten über den christlichen Hausstand", in *Kritische Gesamtausgabe III/1: Predigten. Erste bis Vierte Sammlung (1801–1820)*, hg. v. Günter Meckenstock, 625–766. Berlin/Boston: Walter de Gruyter, 2012.
Schleiermacher, Friedrich. „Am Todtenfeste 1821", in *Kritische Gesamtausgabe III/6: Predigten 1820–1821*, hg. v. Elisabeth Blumrich, 971–981. Berlin/Boston: Walter de Gruyter, 2015.

Literatur

Albrecht, Christian. „Die Praktische Theologie im Gesamtzusammenhang der Theologie", in *Themen und Probleme Theologischer Enzyklopädie. Perspektiven von Innen und Außen*, hg. v. dems. und Peter Gemeinhardt, 157–173. Tübingen: Mohr Siebeck, 2021.

Literaturverzeichnis

Arndt, Andreas. „Die Reformation der Revolution. Schleiermachers Umdeutung der Französischen Revolution", in *Reformation und Moderne. Pluralität – Subjektivität – Kritik. Akten des Internationalen Kongresses der Schleiermacher-Gesellschaft in Halle (Saale) März 2017*, hg. v. Jörg Dierken, Arnulf von Scheliha und Sarah Schmidt, 183–193. Berlin/Boston: Walter de Gruyter, 2018.

Arndt, Andreas. *Die Reformation der Revolution. Friedrich Schleiermacher in seiner Zeit*. Berlin: Matthes & Seitz, 2019.

Auerochs, Bernd. „Manuskripte – Athenaeum – Geselliges Betragen – Vertraute Briefe", in *Schleiermacher Handbuch*, hg. v. Martin Ohst, 87–101. Tübingen: Mohr Siebeck, 2017.

Auf frischen kleinen abstrakten Wegen. Unbekanntes und Unveröffentlichtes aus Rahels Freundeskreis, Nachrichten aus dem Kösel-Verlag Dezember 1967, hg. v. Heinrich Wild. München: Kösel, 1967.

Balint, Iuditha/Wortmann, Thomas. „Die Schönheit der Tulpe. Oder: Krisen erzählen", in *Krisen erzählen*, hg. v. Iuditha Balint und Thomas Wortmann, 1–20. Paderborn: Wilhelm Fink Verlag/Brill, 2021.

Beutel, Albrecht. „Aufklärer höherer Ordnung? Die Bestimmung der Religion bei Schleiermacher (1799) und Spalding (1797)", in *200 Jahre „Reden über die Religion". Akten des 1. Internationalen Kongresses der Schleiermacher-Gesellschaft Halle 14.–17. März 1999*, hg. v. Ulrich Barth und Claus-Dieter Osthövener, 277–310. Berlin/New York: Walter de Gruyter, 2000.

Cordes, Martin. „Der Brief Schleiermachers an Jacobi". *ZThK* 68 (1971): 195–212.

Erhardt, Christiane. *Religion, Bildung und Erziehung bei Schleiermacher: eine Analyse der Beziehungen und des Widerstreits zwischen den „Reden über die Religion" und den „Monologen"*. Göttingen: V&R unipress, 2005.

Fenske, Uta/Hülk, Walburga/Schuhen, Gregor. „Vorwort", in *Die Krise als Erzählung. Transdisziplinäre Perspektiven auf ein Narrativ der Moderne*, hg. v. dies., 7–8. Bielefeld: transcript, 2013.

Frick, Marie-Luisa. *Mutig denken. Aufklärung als offener Prozess*. Stuttgart: Reclam, 2020.

Gerber, Simon. „,… es scheint wirklich Ernst zu werden. Gott sei Dank.': Politik, Krieg und Zeitdeutung in Schleiermachers Hallenser Briefwechseln", in *Friedrich Schleiermacher in Halle 1804–1807*, hg. v. Andreas Arndt, 115–130. Berlin/Boston: Walter de Gruyter, 2013.

Gräb, Wilhelm. „Schleiermachers Konzeption der Theologie als empirisch-praktische Wissenschaft vom Christentum", in *Praktische Theologie und empirische Religionsforschung*, hg. v. Birgit Weyel, dems. und Hans-Günter Heimbrock, 15–26. Leipzig: Evangelische Verlagsanstalt, 2013.

Grethlein, Christian. *Praktische Theologie*. Berlin/Boston: Walter de Gruyter, 2. Aufl. 2016.

Herms, Eilert. *Theorie für die Praxis. Beiträge zur Theologie*. München: Kaiser, 1982.

Horkheimer, Max/Adorno, Theodor. *Dialektik der Aufklärung. Philosophische Fragmente*. Frankfurt a.M.: Fischer, 23. Aufl. 2017.

Horx, Matthias. *Die Zukunft nach Corona*. Berlin: Ullstein, 2020.

Hülk, Walburga. „Narrative der Krise" in *Die Krise als Erzählung. Transdisziplinäre Perspektiven auf ein Narrativ der Moderne*, hg. v. Uta Fenske, Walburga Hülk und Gregor Schuhen, 113–131. Bielefeld: transcript, 2013.

Imbriano, Gennaro. *Der Begriff der Politik. Die Moderne als Krisenzeit im Werk von Reinhart Koselleck*. Frankfurt a.M.: Campus Verlag, 2018.

Kantzenbach, Friedrich Wilhelm. *Schleiermacher*. Reinbek bei Hamburg: Rowohlt Verlag 1967.

Koselleck, Reinhart. „Art. Krise", in *Geschichtliche Grundbegriffe. Historisches Lexikon zur politisch-sozialen Sprache in Deutschland*, hg. v. Otto Brunner, Werner Conze und Reinhart Koselleck, Bd. 3, 617–650. Stuttgart: Klett Verlag, 1982.

Koselleck, Reinhart. *Kritik und Krise. Eine Studie zur Pathogenese der bürgerlichen Welt*. Frankfurt a.M.: Suhrkamp, 14. Aufl. 2018.

Kumlehn, Martina. „Religiöse Bildung als Fundamentalismusprophylaxe", in: *Anti-demokratische Tendenzen in Mecklenburg-Vorpommern. Wo kann Bildung ansetzen?*, hg. vom Zentrum für Lehrerbildung und Bildungsforschung der Universität Rostock, Arbeitsstelle politische Bildung, 71–81. Rostock, 2016.

Kumlehn, Martina. „Akteure – Bilder – Narrationen. Deutungsmachtsensible Religionspädagogik und die Macht der Erzählungen am Beispiel der Corona-Krise", in *Machtvergessenheit. Deutungsmachtkonflikte in praktisch-theologischer Perspektive*, hg. v. Thomas Klie, Martina Kumlehn, Ralph Kunz und Thomas Schlag, 277–306. Berlin/Boston: Walter de Gruyter, 2021.

Kvist, Hans-Olof. „Kants praktische Philosophie in den Jugendmanuskripten Schleiermachers. Einige kritisch-grundsätzliche Gesichtspunkte zur Kantrezeption des jungen Schleiermacher", in *200 Jahre „Reden über die Religion". Akten des 1. Internationalen Kongresses der Schleiermacher-Gesellschaft Halle 14.-17. März 1999*, hg. v. Ulrich Barth und Claus-Dieter Osthövener, 383–396. Berlin/New York: Walter de Gruyter, 2000.

Lenz, Max. *Geschichte der königlichen Friedrich-Wilhelms-Universität zu Berlin*, Bd. 4, Halle: Verlag der Buchhandlung des Waisenhauses, 1910.

Leschke, Rainer. „Medientheorie und Krise", in *Die Krise als Erzählung. Transdisziplinäre Perspektiven auf ein Narrativ der Moderne*, hg. v. Uta Fenske, Walburga Hülk und Gregor Schuhen, 9–31. Bielefeld: transcript, 2013.

Link, Jürgen. „Zum Anteil apokalyptischer Szenarien an der Normalisierung der Krise" in *Die Krise als Erzählung. Transdisziplinäre Perspektiven auf ein Narrativ der Moderne*, hg. v. Uta Fenske, Walburga Hülk und Gregor Schuhen, 22–47. Bielefeld: transcript, 2013.

Löffler, Ulrich. „,Erbauliche Trümmerstadt'? Das Erdbeben von 1755 und die Horizonte seiner Deutung im Protestantismus des 18. Jahrhunderts", in *Um Himmels Willen. Religion in Katastrophenzeiten*, hg. v. Manfred Jakubowski-Tiessen und Hartmut Lehmann, 253–274. Göttingen: Vandenhoeck & Ruprecht, 2003.

Lübbe, Hermann. *Religion nach der Aufklärung*. Graz/Wien/Köln: Styria Verlag, 1986.

Meier-Dörken, Christoph. *Die Theologie der frühen Predigten Schleiermachers*. Berlin/New York: Walter de Gruyter, 1988.

Nagel, Alexander-Kenneth. *Corona und andere Weltuntergänge. Apokalyptische Krisenhermeneutik in der modernen Gesellschaft*. Bielefeld: transcript, 2021.

Nassehi, Armin. *Unbehagen. Theorie der überforderten Gesellschaft*. München: Beck, 2021.

Neumeier, Otto. „Kritik der Krise", in *Die Krise als Erzählung. Transdisziplinäre Perspektiven auf ein Narrativ der Moderne*, hg. v. Uta Fenske, Walburga Hülk und Gregor Schuhen, 49–69. Bielefeld: transcript, 2013.

Nowak, Kurt. *Schleiermacher und die Frühromantik. Eine literaturgeschichtliche Studie zum romantischen Religionsverständnis und Menschenbild am Ende des 18. Jahrhunderts in Deutschland*. Weimar: Böhlau, 1986.

Nowak, Kurt. „Romantik. Zum historischen Ort einer kulturellen und religiösen Erscheinung", in *200 Jahre „Reden über die Religion". Akten des 1. Internationalen Kongresses der Schleiermacher-Gesellschaft Halle 14.-17. März 1999*, hg. v. Ulrich Barth und Claus-Dieter Osthövener, 39–57. Berlin/New York: Walter de Gruyter, 2000.

Nowak, Kurt. *Schleiermacher. Leben, Werk und Wirkung*. Göttingen: Vandenhoeck & Ruprecht, 2001.

Nünning, Ansgar. „Krise als Erzählung und Metapher: Literaturwissenschaftliche Bausteine für eine Metaphorologie und Narratologie von Krisen", in *Krisengeschichte(n). „Krise" als Leitbegriff und Erzählmuster in kulturwissenschaftlicher Perspektive*, hg. v. Carla Meyer, Katja Patzel-Mattern und Gerrit Jasper Schenk, 117–144. Stuttgart: Franz Steiner Verlag, 2013.

Ohst, Martin. „1789–1848: Politik und Predigt bei Schleiermacher. Eine Fallstudie", in *Predigt und Politik. Zur Kulturgeschichte der Predigt von Karl dem Großen bis zur Gegenwart*, hg. v. Tobias Braune-Krickau und Christoph Galle, 209–235. Göttingen: Vandenhoeck & Ruprecht unipress, 2021.

Parr, Rolf. „Krisen und/oder Katastrophen erzählen?" in *Krisen erzählen*, hg. v. Iuditha Balint und Thomas Wortmann, 21–34. Paderborn: Wilhelm Fink Verlag/Brill, 2021.

Preul, Reiner. „Predigten" in *Schleiermacher Handbuch*, hg. v. Martin Ohst, 411–425. Tübingen: Mohr Siebeck, 2017.

Reckwitz, Andreas. „Gesellschaftstheorie als Werkzeug", in *Spätmoderne in der Krise. Was leistet die Gesellschaftstheorie?*, hg. v. dems. und Hartmut Rosa, 23–150. Berlin: Suhrkamp, 2021.

Rosa, Hartmut. *Unverfügbarkeit*. Wien/Salzburg: Residenz Verlag, 2018.

Rosa, Hartmut. „Best Account. Skizze einer systematischen Theorie der modernen Gesellschaft", in *Spätmoderne in der Krise. Was leistet die Gesellschaftstheorie?*, hg. v. Andreas Reckwitz und Hartmut Rosa, 151-252. Berlin: Suhrkamp, 2021.

Rosa, Hartmut. *Demokratie braucht Religion. Über ein eigentümliches Resonanzverhältnis*. München: Kösel Verlag, 2022.

Rose, Miriam. *Schleiermachers Staatslehre*. Tübingen: Mohr Siebeck, 2011.

Schmidt, Sarah. „Kritik als Projekt der Moderne? Zur Reichweite und Aktualität der Schleiermacherschen Kritikkonzeption mit einem Blick auf Michel Foucault", in *Reformation und Moderne. Pluralität – Subjektivität – Kritik. Akten des Internationalen Kongresses der Schleiermacher-Gesellschaft in Halle (Saale) März 2017*, hg. v. Jörg Dierken, Arnulf von Scheliha und Sarah Schmidt, 551–574. Berlin/Boston: Walter de Gruyter, 2018.

Schmidt, Sarah. „Schleiermachers Ethik des Wissens und der Wissenschaften" in: *Friedrich Schleiermacher zwischen Reform und Restauration. Politische Konstellationen, theoretische Zugänge und das Berliner Stadtleben*, hg. v. Elisabeth Blumrich, Simon Gerber und Sarah Schmidt, 31–56. Berlin/Boston: Walter de Gruyter, 2023.

Schulze, Gerhard. *Krisen. Das Alarmdilemma*. Frankfurt a.M.: Fischer Verlag, 2011.

Stoellger, Philipp. „Deutungsmachtanalyse. Zur Einleitung in ein Konzept zwischen Hermeneutik und Diskursanalyse", in *Deutungsmacht*, hg. v. dems., 1–85. Tübingen: Mohr Siebeck, 2014.

Virmond, Wolfgang. „Liebe, Freundschaft, Faublastät – der frühe Schleiermacher und die Frauen", in *Wissenschaft und Geselligkeit. Friedrich Schleiermacher in Berlin. 1796–1802*, hg. v. Andreas Arndt, 43–65. Berlin/New York: Walter de Gruyter, 2009.

von Scheliha, Arnulf. „Die christlichen Häuser als ‚Pflanzstätten des künftigen Geschlechts'. Familienethische, religionspädagogische und sozialethische Grundeinsichten in Friedrich Schleiermachers ‚Predigten über den christlichen Hausstand'", in *Friedrich Schleiermacher zwischen Reform und Restauration. Politische Konstellationen, theoretische Zugänge und das Berliner Stadtleben*, hg. v. Elisabeth Blumrich, Simon Gerber und Sarah Schmidt, 93–107. Berlin/Boston: Walter de Gruyter, 2023.

www.ingramcontent.com/pod-product-compliance
Lightning Source LLC
Chambersburg PA
CBHW021737220426
43662CB00008B/884